Manuel OCDE-FAO sur la déforestation et le devoir de diligence dans les filières agricoles

Merci de citer cet ouvrage comme suit :
OCDE/FAO (2026), *Manuel OCDE-FAO sur la déforestation et le devoir de diligence dans les filières agricoles*, Éditions OCDE, Paris, https://doi.org/10.1787/521c2071-fr.

ISBN 978-92-64-78177-1 (imprimé)
ISBN 978-92-64-62402-3 (PDF)
ISBN 978-92-64-42695-5 (HTML)

FAO
ISBN 978-92-5-140604-5 (imprimé et PDF)

Crédits photo : Couverture © STILLFX/Getty Images.

Les corrigenda des publications de l'OCDE sont disponibles sur : https://www.oecd.org/fr/publications/support/corrigenda.html.

Avant-propos

Ce *Manuel OCDE-FAO sur la déforestation et le devoir de diligence dans les filières agricoles* (le Manuel) vise à aider les entreprises à intégrer les considérations relatives à la déforestation et à la dégradation des forêts dans leurs procédures relatives au devoir de diligence. Il s'appuie sur le cadre relatif à l'exercice du devoir de diligence fondé sur les risques présenté dans le *Guide OCDE-FAO pour des filières agricoles responsables* (le Guide OCDE – FAO) et le *Guide OCDE sur le devoir de diligence pour une conduite responsable des entreprises*.

Ce Manuel s'inscrit dans les travaux de l'OCDE et de la FAO associés au Guide OCDE-FAO pour des filières agricoles responsables (le Guide OCDE-FAO) (OCDE/FAO, 2016[1]) et à la Conduite responsable des entreprises dans le secteur agricole.

L'approvisionnement et le commerce de nombreux produits agricoles supposent un réseau complexe de relations commerciales entre producteurs, agriculteurs, négociants, fournisseurs et autres acteurs des chaînes d'approvisionnement agroalimentaires mondiales. À mesure que la demande alimentaire mondiale s'accroît, de nouveaux défis entraînant des répercussions négatives liées à l'expansion de l'agriculture, y compris dans les forêts et autres écosystèmes naturels, peuvent voir le jour. Par conséquent, les décisions commerciales prises par les entreprises qui achètent, transforment et vendent des denrées et produits agricoles peuvent conduire à la déforestation ou à la dégradation des forêts, y contribuer ou y être directement liées.

Depuis près de 15 ans, les entreprises et parties prenantes du secteur du bois appliquent largement des approches de devoir de diligence en réponse aux réglementations en vigueur (le Règlement de l'Union européenne sur le bois et le Lacey Act des États-Unis d'Amérique (Lacey, 2008[2]) par exemple) visant à garantir l'origine licite du bois. Pour faciliter le devoir de diligence et réduire les risques, les pays exportateurs de bois ont créé des systèmes de vérification ou d'assurance destinés à démontrer et documenter la légalité, la durabilité et la traçabilité des produits ligneux. En parallèle, l'Organisation des Nations Unies et l'OCDE ont élaboré des recommandations et des directives sur la manière dont les entreprises peuvent intégrer le devoir de diligence fondé sur les risques dans leurs décisions et relations commerciales, afin d'identifier et d'éliminer les risques liés aux filières ayant des répercussions sur les populations et la planète. Ces efforts ont conduit à des travaux sur la réduction des risques environnementaux et sociaux au sein des entreprises agroalimentaires, en collaboration avec des parties prenantes issues d'organisations de producteurs, de la société civile et du secteur privé. Néanmoins, de nombreuses entreprises ont encore des difficultés à comprendre comment les risques de déforestation et de dégradation des forêts peuvent se manifester dans leurs filières et comment elles peuvent, en tant qu'entreprises, prendre des mesures concrètes pour identifier, prévenir et éliminer ces risques dans le cadre de leur devoir de diligence fondé sur les risques.

Ce Manuel vise à aider les entreprises à lutter contre les risques de déforestation et de dégradation des forêts dans les filières agricoles mondiales grâce au devoir de diligence fondé sur les risques, notamment en intégrant, le cas échéant, les dispositifs existants de vérification de la légalité du bois. Il s'adresse aux entreprises agroalimentaires qui achètent ou utilisent des denrées ou produits pouvant être associés à la déforestation ou à la dégradation des forêts. Si les impacts sur la forêt se manifestent en amont de la chaîne d'approvisionnement, les entreprises situées en aval créent souvent la demande pour ces produits, augmentant ainsi les risques de déforestation. Ce Manuel est donc destiné à l'ensemble des entreprises intervenant dans la chaîne d'approvisionnement, de la production à la vente au détail.

L'OCDE et la FAO ont mis en place un Groupe de travail multipartite composé de spécialistes issus du secteur privé, des administrations publiques, de la société civile, du monde universitaire et d'autres domaines, afin d'appuyer l'élaboration de ce Manuel, notamment en ce qui concerne les éléments et types d'informations utiles pour aider les entreprises à mettre en œuvre le devoir de diligence fondé sur les risques visant à lutter contre la déforestation. En complément des contributions de ce groupe de travail, une consultation publique informelle a été organisée en juin et juillet 2022.

Remerciements

L'OCDE et la FAO souhaitent remercier toutes les parties prenantes qui ont contribué à l'élaboration de ce Manuel, notamment les entreprises, les universités, les organisations de la société civile, les organismes de certification ainsi que les nombreux gouvernements du monde entier. Un grand merci notamment à l'expert indépendant Duncan Brack, qui a dirigé le processus de rédaction en coopération avec l'OCDE, la FAO et le Groupe de travail multipartite.

Au Centre pour la conduite responsable des entreprises de l'OCDE, la rédaction et la supervision du Manuel ont été assurées par Shivani Kannabhiran, Sophia Gnych et Sebastian Weber. L'OCDE tient également à remercier les Groupes de travail sur la conduite responsable des entreprises (WPRBC) et sur les politiques et marchés agricoles (APM) pour leurs observations et contributions.

À l'Organisation des Nations Unies pour l'alimentation et l'agriculture (FAO), le Manuel a été rédigé par Tomislav Ivančić, Caroline Merle et Kristin DeValue, sous la supervision de Pascal Liu, Tiina Vähänen et Serena Fortuna. Un grand merci également à Astrid Agostini, aux collègues des divisions Forêts et Marchés et commerce, ainsi qu'aux bureaux présents dans diverses régions du monde pour l'assistance technique fournie dans le cadre de l'élaboration du Manuel.

Ce Manuel a été financé par le Ministère fédéral allemand de la Coopération économique et du Développement (BMZ) et soutenu par Deutsche Gesellschaft für Internationale Zusammenarbeit (GIZ) GmbH. Franziska Rau, conseillère au sein de l'Initiative pour des chaînes d'approvisionnement agricoles durables (INA) du GIZ, a apporté une contribution précieuse au Manuel au nom de l'équipe de l'INA dédiée à la déforestation.

Table des matières

Tableaux

Graphiques

Résumé

Le Guide OCDE-FAO pour des filières agricoles responsables (Guide OCDE-FAO) aide les entreprises du secteur agricole à respecter les normes internationales en matière de conduite responsable des entreprises dans les filières agricoles. Il reflète la reconnaissance croissante du rôle que joue le devoir de diligence fondé sur les risques pour aider les entreprises à identifier les risques et à y répondre dans le cadre de leurs opérations et des filières mondiales. Outre les mesures relevant du devoir de diligence prises par les entreprises, plusieurs gouvernements ont adopté ou prévoient d'introduire des obligations de diligence raisonnable dans les filières mondiales, y compris pour répondre aux préoccupations relatives à la déforestation.

Les décisions commerciales prises par les entreprises qui achètent, transforment ou vendent des produits agricoles ou alimentaires peuvent avoir un impact sur les forêts, notamment en matière de déforestation. Parmi les risques importants liés à l'approvisionnement, la déforestation peut également avoir des impacts plus larges sur les écosystèmes et sur les populations qui en dépendent. Cependant, de nombreuses entreprises ont encore des difficultés à comprendre comment les risques de déforestation et de dégradation des forêts peuvent se manifester dans leurs filières et quelles mesures concrètes elles peuvent prendre pour identifier, prévenir et éliminer ces risques dans le cadre de leur devoir de diligence fondé sur les risques.

Ce Manuel a été élaboré par l'OCDE et la FAO pour aider les entreprises à intégrer les considérations relatives à la déforestation et à la dégradation des forêts dans leurs efforts d'approvisionnement responsable et leurs démarches de devoir de diligence. Il s'appuie sur les travaux approfondis et l'expérience de la FAO dans la lutte contre la déforestation et la dégradation des forêts, ainsi que sur la promotion d'une gouvernance responsable des régimes fonciers. Il repose sur les normes internationales de référence soutenues par les gouvernements sur le devoir de diligence dans les filières et la conduite responsable des entreprises : les Principes directeurs de l'OCDE à l'intention des entreprises multinationales sur la conduite responsable des entreprises et le cadre relatif à l'exercice du devoir de diligence introduit dans le Guide OCDE-FAO pour des filières agricoles responsables, ainsi que le Guide OCDE sur le devoir de diligence pour une conduite responsable des entreprises. Le Manuel montre comment appliquer le Guide OCDE-FAO pour lutter contre la déforestation en contextualisant les recommandations existantes et en aidant les utilisateurs à comprendre comment intégrer de manière proactive le devoir de diligence et réduire le risque potentiel de déforestation dans leurs chaînes d'approvisionnement.

Introduction

Ce chapitre présente le Manuel, décrit le public auquel il s'adresse et fournit des définitions fondamentales.

Ce *Manuel OCDE-FAO sur la déforestation et le devoir de diligence dans les filières agricoles* (le Manuel) vise à aider les entreprises à intégrer les considérations relatives à la déforestation et à la dégradation des forêts dans leurs procédures liées au devoir de diligence. Il s'appuie sur le cadre relatif à l'exercice du devoir de diligence fondé sur les risques présenté dans le Guide OCDE-FAO et le Guide OCDE sur le devoir de diligence pour une conduite responsable des entreprises.

Il présente des informations contextuelles, des ressources et des mesures pratiques que les entreprises peuvent adopter lorsqu'elles mettent en œuvre chacune des étapes du devoir de diligence fondé sur les risques conformément au Guide OCDE-FAO. Il s'inspire des pratiques actuelles des entreprises, y compris les outils, ressources, données et mesures existants, afin d'aider les entreprises à réfléchir à la meilleure façon d'identifier et d'éviter les cas de déforestation et de dégradation des forêts.

Définitions fondamentales

Déforestation: La FAO définit la déforestation comme conversion de la forêt à d'autres utilisations des terres indépendamment du fait qu'elle soit anthropique ou pas (FAO, 2020[3]).

Dégradation des forêts: Il n'existe pas de définition standard adoptée par la FAO ou au niveau international concernant la dégradation des forêts ; la FAO encourage les pays à établir leur propre définition. Le Cadre de responsabilisation proposé par un groupe d'ONG internationales, applicable aux forêts comme à d'autres écosystèmes naturels, en propose la définition suivante: "Les changements s'opérant au sein d'un écosystème naturel qui affectent considérablement et négativement la composition de ses espèces, sa structure et/ou ses fonctions, et réduisent sa capacité à fournir des produits, soutenir la biodiversité et/ou fournir des services écosystémiques" (Accountability Framework Initiative, 2020[4]).

Pour une liste complète de définitions, consulter le Glossaire.

À qui s'adresse ce Manuel ?

Ce Manuel est destiné aux entreprises des filières agroalimentaires qui achètent ou utilisent des denrées ou produits pouvant être associés à la déforestation ou à la dégradation des forêts. S'il porte principalement sur les impacts liés à l'utilisation des terres, à la plantation et à la récolte sur les forêts, il peut également être utile aux entreprises intervenant à tous les niveaux de la chaîne d'approvisionnement, de la production à la vente au détail.

De plus en plus d'entreprises intègrent des approches de devoir de diligence fondé sur les risques dans leurs politiques et procédures afin d'orienter leurs efforts d'approvisionnement responsable et de renforcer leur conduite responsable. Cependant, de nombreuses petites et moyennes entreprises (PME) peinent encore à répondre aux exigences commerciales et aux attentes du marché en matière de conduite responsable, notamment celles liées à la déforestation. Pour aider ces entreprises à lutter contre la déforestation, chaque chapitre du Manuel inclut un encadré présentant des suggestions pratiques sur la manière dont les PME peuvent mettre en place un devoir de diligence fondé sur les risques conforme au Guide OCDE-FAO.

Le Manuel peut également servir de ressource aux institutions financières lorsqu'elles analysent et évaluent les politiques et activités de leurs partenaires commerciaux potentiels au regard des attentes en matière de devoir de diligence et des risques de déforestation. L'Annexe A du Manuel présente une liste de ressources complémentaires liées à la déforestation.

Forêts, écosystèmes naturels et conversion

Le cadre relatif à l'exercice du devoir de diligence présenté dans ce Manuel s'applique à la fois à la déforestation et à la dégradation des forêts. Pour faciliter la lecture, le terme "déforestation" est utilisé ici pour désigner ces deux notions.

Les forêts ne sont pas les seuls écosystèmes naturels exposés aux risques liés à la conversion des terres à des fins de production agricole. Les savanes, prairies, tourbières, zones humides et d'autres écosystèmes peuvent également être menacés lorsque des changements d'affectation des terres sont envisagés. De nombreuses politiques de devoir de diligence adoptées par les entreprises prennent désormais en compte la conversion de ces écosystèmes et font référence, par exemple, à la protection des zones à haute valeur de conservation ou à forte teneur en carbone. Bien que ce Manuel porte exclusivement sur les forêts, les étapes du devoir de diligence décrites s'appliquent généralement aussi à la conversion d'autres écosystèmes naturels.

Le Glossaire propose une liste complète des définitions utilisées dans ce Manuel.

Forêts et déforestation

Ce chapitre présente la déforestation et la dégradation des forêts dans le contexte des filières internationales. Il révèle l'ampleur du problème et ses origines dans la production et l'approvisionnement en matières premières, ainsi que les facteurs de développement susceptibles de contribuer à la déforestation dans différents contextes.

Des forêts en bonne santé sont essentielles aux trois piliers du développement durable : la croissance économique, le progrès social et la durabilité environnementale. La croissance continue des entreprises et de l'emploi dans le secteur agricole, tout comme la sécurité alimentaire mondiale, dépendent en grande partie des forêts. Les écosystèmes forestiers constituent le plus important puits de carbone terrestre, indispensable à l'atteinte des objectifs climatiques ; ils régulent également les cycles de l'eau et des précipitations et contribuent à la stabilité des environnements locaux, essentiels tant aux moyens de subsistance qu'à la durabilité de la production agricole. Les moyens de subsistance d'environ 1.6 milliard de personnes, dont quelque 70 millions d'autochtones, dépendent des forêts. Celles-ci abritent plus de 60 000 essences différentes d'arbres et fournissent des habitats à une grande majorité d'espèces animales. (FAO, 2020[3] ; FAO et PNUE, 2020[5]).

En 2020, les forêts couvraient 31 % de la superficie terrestre, soit près de 4 milliards d'hectares. On estime que 420 millions d'hectares de forêts ont été perdus en raison de la déforestation depuis 1990 (FAO, 2020[3]). Entre 2015 et 2020, le taux annuel de déforestation était évalué à 10 millions d'hectares, mais le boisement et le reboisement ont permis de restaurer des superficies forestières dans certaines régions du monde (FAO, 2020[3]). La perte de forêts, en particulier de forêts naturelles, était particulièrement élevée dans les zones tropicales durant cette période (voir Graphique 1).

La dégradation des forêts résulte notamment de pratiques forestières non durables, de l'extraction de combustibles ligneux, de l'agriculture itinérante, du pâturage ou des incendies. Elle touche les écosystèmes forestiers dans les biomes tropicaux, tempérés et boréaux. Dans tous les cas, les forêts conservent leur capacité à se régénérer, mais ces activités réduisent le couvert forestier plus rapidement qu'il ne peut se reconstituer et nuisent à la diversité des espèces qui y vivent (FAO, 2022[6]). Bien qu'elle soit difficile à mesurer, des études indiquent que la dégradation des forêts représenterait près d'un tiers de l'impact global de la perte de couvert arboré, mesurée en termes d'émissions de carbone (Federici, 2015[7]).

Graphique 1. Déforestation, 2000-2018

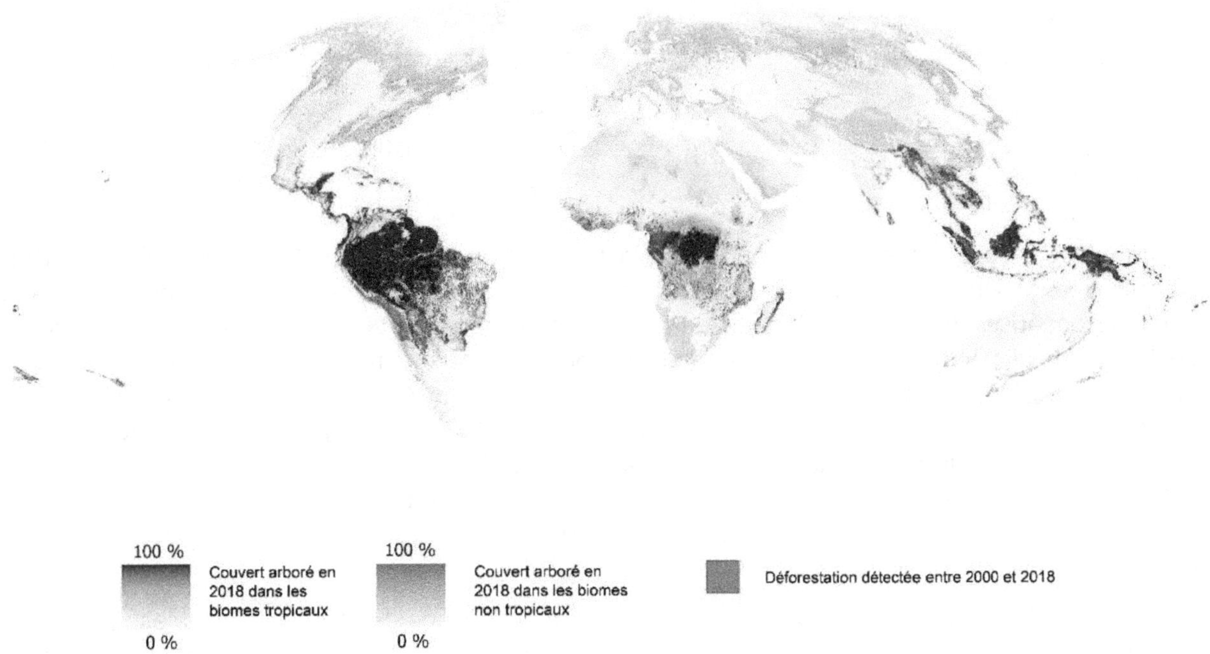

Source : FAO (2022[8]), FRA 2020 Remote Sensing Survey, https://www.fao.org/forest-resources-assessment/remote-sensing/fra-2020-remote-sensing-survey/en/

Effets de la production agricole sur les forêts

La production agricole peut à la fois provoquer la déforestation et être affectée négativement par celle-ci. Les auteurs de l'étude mondiale par télédétection des ressources forestières de la FAO estiment que près de 90 % de la déforestation mondiale entre 2000 et 2018 serait liée à l'expansion de l'agriculture, dont 52 % imputables aux cultures et 38 % à l'élevage (FAO, 2021[9]). Le Graphique 2 présente les principaux moteurs de la déforestation par région. De même, la déforestation, associée aux changements climatiques, peut avoir des effets significatifs sur la production agricole, qui peut à son tour entraîner des répercussions importantes sur les disponibilités alimentaires et la demande[1].

Graphique 2. Principaux moteurs de la déforestation dans les différentes régions du monde

Moteurs de la déforestation par région, 2000-2018 (en millions d'hectares)

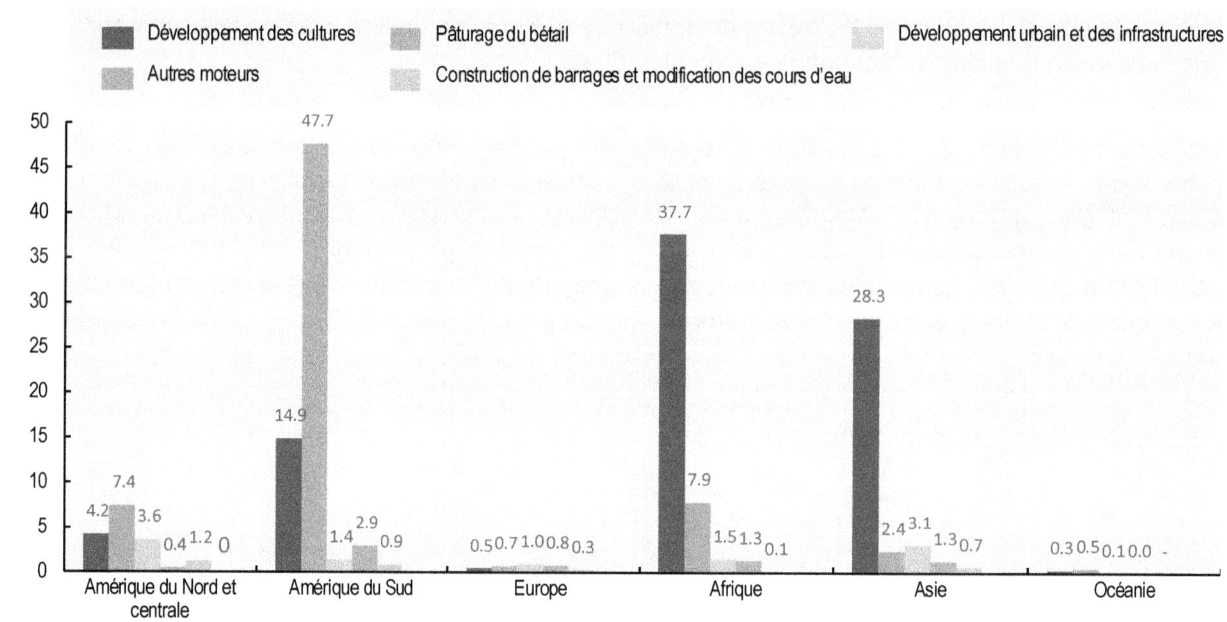

Source : FAO (2022[7]), FRA 2020 Remote Sensing Survey, https://www.fao.org/forest-resources-assessment/remote-sensing/fra-2020-remote-sensing-survey/en/

Plusieurs facteurs sous-tendent le lien entre déforestation et production agricole (Geist, 2002[10]). Si la croissance économique et le développement ont permis à des millions de personnes de sortir de la pauvreté, ils ont aussi entraîné une hausse de la demande alimentaire et une évolution des modes de vie et des habitudes alimentaires, notamment une diminution de la consommation d'aliments de base et une augmentation de la consommation de viande, de produits laitiers, de fruits et légumes et d'aliments transformés. Ces tendances devraient se poursuivre (OCDE/FAO, 2021[11]) avec l'augmentation de la population mondiale, qui devrait atteindre 9.7 milliards d'ici 2050 (Nations Unies, 2019[12]). Si l'on tient compte des changements alimentaires, entre autres facteurs, la demande alimentaire mondiale pourrait augmenter de l'ordre de 35-56 % (Van Dijk, 2021[13]), ce qui risque d'accroître la demande de terres et d'exercer une pression supplémentaire sur les forêts.

La libéralisation du commerce et des affaires a favorisé la croissance des filières mondiales ; on estime désormais qu'un tiers des exportations agroalimentaires transitent par des chaînes de valeur globalisées (FAO, 2022[6]). Si la déforestation se produit à des endroits précis, généralement en amont des filières, les entreprises et les fournisseurs situés en aval ont néanmoins un rôle essentiel à jouer en veillant à ce que les risques de déforestation soient correctement pris en compte dans les filières dont ils dépendent.

Il convient de souligner qu'une part importante du déboisement à des fins agricoles a été réalisée de manière illégale. Selon une analyse exhaustive publiée en 2021, 69 % de la conversion des forêts tropicales pour l'agriculture entre 2013 et 2019 aurait eu lieu en violation des lois et réglementations nationales (Forest Trends, 2021[14]). Par ailleurs, l'exploitation forestière illicite (pour le bois) demeure une source d'inquiétude dans de nombreux pays, sa valeur sur le marché international étant estimée entre 50 et 150 milliards d'USD par an (Banque mondiale, 2019[15]).

Produits agricoles et déforestation

Les études portant sur les moteurs de la déforestation mentionnés plus haut montrent que la déforestation liée à l'agriculture a souvent été associée à un groupe restreint de denrées alimentaires (Pendrill, 2019[16]). Toutefois, l'activité économique, la demande et le commerce peuvent évoluer au fil du temps. Ni l'offre ni la demande ne sont fixes, et la hausse de la demande pour de nouveaux produits agricoles peut entraîner de la déforestation dans d'autres contextes, y compris dans les zones tempérées.

L'attention internationale porte généralement sur les impacts forestiers de certaines denrées dont la production et l'exportation ont fortement augmenté au cours des dernières décennies et qui reposent souvent sur un développement agricole impliquant une réduction du couvert forestier. Les produits cultivés ou récoltés dans une zone après déforestation sont considérés comme des « moteurs directs » de la déforestation. Toutefois, ce sont les pratiques de production – et non les denrées elles-mêmes – qui déterminent leur lien avec la déforestation.

Un petit groupe de denrées a fait l'objet d'une attention particulière, car les terres récemment déboisées sont souvent utilisées pour leur production. Il s'agit notamment du bœuf, des produits laitiers et du cuir issu du bétail, du soja, de l'huile de palme, du cacao, du café, du bois et du caoutchouc. Les réponses publiques, privées et multipartites tendent par conséquent à adopter des approches spécifiques à ces denrées pour promouvoir des modèles de production plus durables et respectueux des forêts. Parmi les exemples notables figurent le moratoire sur le soja en Amazonie, signé en 2006, dans lequel 90 % des entreprises du marché brésilien du soja se sont engagées à éviter l'achat de soja cultivé sur des zones récemment déforestées dans l'Amazonie brésilienne. De même, les gouvernements de la Côte d'Ivoire et du Ghana, ainsi que 35 grandes entreprises du secteur du cacao et du chocolat, ont uni leurs efforts dans le cadre de l'Initiative Cacao et Forêts afin d'éliminer la déforestation liée au cacao et restaurer les zones forestières.

Initiatives mondiales sur la déforestation

De nombreuses initiatives ont été mises en place pour désolidariser la production de denrées de la déforestation. Bien qu'elles aient rencontré des difficultés à atteindre les objectifs internationaux fixés en matière de déforestation – en particulier ceux adoptés avant 2020 (voir Tableau 1) – elles ont néanmoins incité un large éventail d'entreprises produisant, commercialisant et utilisant des matières premières associées à la déforestation à agir. Les engagements visant à éliminer ou à réduire la déforestation dans les chaînes d'approvisionnement sont désormais courants dans les entreprises produisant, commercialisant et utilisant du bois, de l'huile de palme et du cacao, mais ils restent moins fréquents pour d'autres produits. Une analyse menée en 2021 auprès de 675 entreprises ayant déclaré à CDP les risques liés aux forêts dans leurs chaînes d'approvisionnement indique que 66 % d'entre elles disposaient d'une politique liée à la déforestation, et que 38 % avaient une politique générale ou spécifique à certains produits, applicable à l'ensemble de l'entreprise, visant à lutter contre la déforestation et la conversion des terres (CDP/AFI, 2022[17]).

Le Tableau 1 présente des exemples issus du large éventail d'initiatives internationales relatives à la déforestation associée aux filières agricoles et du bois depuis 2010[2] ; il s'agit notamment d'initiatives telles que des instruments juridiques non contraignants du secteur privé liés aux objectifs de développement durable (ODD), ainsi que d'initiatives pluripartites.

Tableau 1. Exemples d'initiatives internationales sur la déforestation

Date	Organisation / Initiative	Engagements
Entre 2008 et 2015	Convention-cadre des Nations Unies sur les changements climatiques – Cadre REDD, puis REDD+	Activités dans le secteur forestier qui réduisent les émissions liées à la déforestation et à la dégradation des forêts, et gestion durable des forêts et conservation et amélioration des stocks de carbone forestier dans les pays en développement.
2010	Consumer Goods Forum (réseau industriel mondial de détaillants, fabricants et prestataires de services)	Déforestation nette zéro dans les filières des membres d'ici 2020 pour certaines denrées clés : soja, huile de palme, bois/papier et pâte à papier, bœuf.
2012	Tropical Forest Alliance (partenariat mondial constitué de gouvernements, d'entreprises, d'organisations de la société civile, de peuples autochtones, de communautés locales et d'organismes des Nations Unies)	Réduction de la déforestation tropicale associée à l'approvisionnement en certaines denrées, comme l'huile de palme, le soja, les produits de l'élevage bovin, le papier et la pâte à papier. Encourage et appuie les initiatives pluripartites régionales.
2014	Déclaration de New York sur les forêts (parmi les signataires, plus de 200 autorités nationales et locales, entreprises et organisations de la société civile, communautaires et de peuples autochtones)	Réduire de moitié au moins le taux de perte des forêts naturelles à l'échelle mondiale d'ici à 2020 et mettre fin à la perte des forêts naturelles d'ici à 2030 ; soutenir l'objectif du secteur privé visant à éliminer la déforestation dans la production de denrées agricoles au plus tard en 2020 ; réduire considérablement la déforestation liée aux autres secteurs économiques d'ici à 2020.
2015	Objectifs de développement durable des Nations Unies	ODD 15.2 : « D'ici à 2020, promouvoir la gestion durable de tous les types de forêt, mettre un terme à la déforestation, restaurer les forêts dégradées et accroître nettement le boisement et le reboisement à l'échelle mondiale. » (Également ODD 12.6 : « Encourager les entreprises, en particulier les grandes entreprises et les sociétés transnationales, à adopter des pratiques viables et à intégrer dans les rapports qu'elles établissent des informations sur la viabilité. »)
2020	Coalition d'action Forest Positive du Consumer Goods Forum	Coalition de grandes entreprises visant à soutenir l'absence de déforestation et de conversion dans le cadre d'initiatives multipartites et intégrées d'utilisation des terres dans certains paysages de production clés. Feuilles de route spécifiques à certaines denrées : soja, huile de palme, bœuf et papier/pâte à papier.
2021	Déclaration des dirigeants de Glasgow sur les forêts et l'utilisation des terres (signée par 141 pays lors de la 26e Conférence des Nations Unies sur les changements climatiques [COP26])	« Œuvrer collectivement pour mettre un terme au recul des forêts et à la dégradation des terres et inverser la tendance d'ici 2030, tout en assurant un développement durable et en promouvant une transformation rurale inclusive. » Parmi les engagements spécifiques figure celui de « favoriser les politiques commerciales et de développement, aux niveaux international et national, qui encouragent un développement durable ainsi qu'une production et une consommation durables, bénéfiques aux pays et ne favorisant ni la déforestation ni la dégradation des terres. »
2021	Feuille de route pour l'action du Dialogue sur les forêts, l'agriculture et le commerce des produits de base (FACT) (déclaration de 27 pays et de l'UE [représentant les plus	Vise à promouvoir le développement durable et le commerce durable de produits agricoles, tout en protégeant et en gérant de manière durable les forêts et

Date	Organisation / Initiative	Engagements
	gros producteurs et consommateurs de produits agricoles commercialisés à l'échelle internationale] lors de la COP26)	autres écosystèmes critiques ; comprend des mesures indicatives sur le développement du commerce et des marchés ; l'appui aux petits producteurs ; la traçabilité et la transparence ; et la recherche, le développement et l'innovation.

Plusieurs pays consommateurs ont vu émerger des initiatives visant à garantir que l'ensemble du marché national s'approvisionne en produits certifiés durables, en particulier pour l'huile de palme et le cacao, à une échéance définie. Ces initiatives volontaires associent parfois des gouvernements. Des alliances similaires ont été mises en place dans plusieurs pays producteurs, comme l'Accord zéro déforestation sur l'huile de palme en Colombie. Plusieurs pays producteurs ont également élaboré leurs propres normes et systèmes nationaux de certification pour certains produits, notamment les normes de l'Indonésie et de la Malaisie sur l'huile de palme durable, ainsi que la Norme africaine pour le cacao durable.

Diverses tables rondes et plateformes d'engagement multipartites axées sur les produits de base – telles que l'Initiative des produits agricoles de base durables en Afrique – ainsi que des normes volontaires de durabilité et des programmes de certification associés, ont également vu le jour ces dernières années (voir Annexe A). Par ailleurs, plusieurs institutions financières se sont engagées à de ne pas financer les activités associées à la déforestation[3].

Législation sur la déforestation et devoir de diligence fondé sur les risques

En réponse aux préoccupations croissantes concernant le changement climatique et la déforestation, certains gouvernements ont introduit des obligations imposant aux entreprises d'exercer leur devoir de diligence afin de faire face à divers risques, dont la déforestation, dans le cadre de leurs activités et de leurs chaînes d'approvisionnement. Ces obligations, qui complètent les initiatives mentionnées plus haut, sont les suivantes :

- obligations générales de devoir de diligence, applicables à l'ensemble des activités et des chaînes d'approvisionnement d'une entreprise. Elles ne sont pas propres à un secteur ou à un produit spécifique et ne sont pas liées à la mise sur le marché d'un produit donné.
- obligation d'exercer un devoir de diligence au regard de critères précis (la production licite ou zéro déforestation, par exemple) avant toute mise sur le marché, importation ou exportation de certains produits.

L'exercice du devoir de diligence fondé sur les risques tel que décrit dans ce Manuel et conformément au Guide OCDE-FAO, peut aider les entreprises à respecter ces obligations[4].

Le devoir de diligence dans les filières agricoles

Ce chapitre présente le concept général de devoir de diligence fondé sur les risques, tel qu'il est défini dans le Guide OCDE-FAO pour des filières agricoles responsables.

Le « devoir de diligence » désigne le processus par lequel les entreprises identifient, préviennent, atténuent et rendent compte de la manière dont elles gèrent les impacts négatifs réels et potentiels liés à leurs propres activités, à leurs filières et à leurs autres relations commerciales. Cette approche du devoir de diligence est celle recommandée par le *Guide OCDE-FAO pour des filières agricoles responsables* (Guide OCDE-FAO) et le *Guide sur le devoir de diligence pour une conduite responsable des entreprises* transsectoriel (OCDE, 2018, p. 15[18]). Dans ce contexte, le devoir de diligence fait donc partie intégrante des processus décisionnels et de la gestion des risques des entreprises. Le cadre relatif à l'exercice du devoir de diligence du Guide OCDE-FAO peut être utilisé par toutes les entreprises opérant le long des chaînes d'approvisionnement agricoles, de la production en amont à la vente au détail en aval.

Le cadre relatif à l'exercice du devoir de diligence du Guide OCDE-FAO

Le cadre relatif à l'exercice du devoir de diligence fondé sur les risques présenté dans le Guide OCDE-FAO décrit les étapes qu'une entreprise peut suivre pour identifier, prévenir et traiter les risques liés à ses activités, à ses filières et à ses relations commerciales. Le Graphique 3 illustre ce processus en cinq étapes, tout en intégrant la possibilité de *remédier aux impacts négatifs*, qui constitue une sixième étape décrite dans le Guide transsectoriel sur le devoir de diligence pour une conduite responsable des entreprises. La protection des forêts et la prévention de la déforestation sont mentionnées à plusieurs reprises dans le Guide OCDE-FAO, sans toutefois faire l'objet d'un examen détaillé. Le présent Manuel complète donc ce Guide en appliquant le devoir de diligence fondé sur les risques à l'identification et à la gestion des risques de déforestation dans les filières agricoles mondiales.

Graphique 3. Le cadre relatif à l'exercice du devoir de diligence du Guide OCDE-FAO

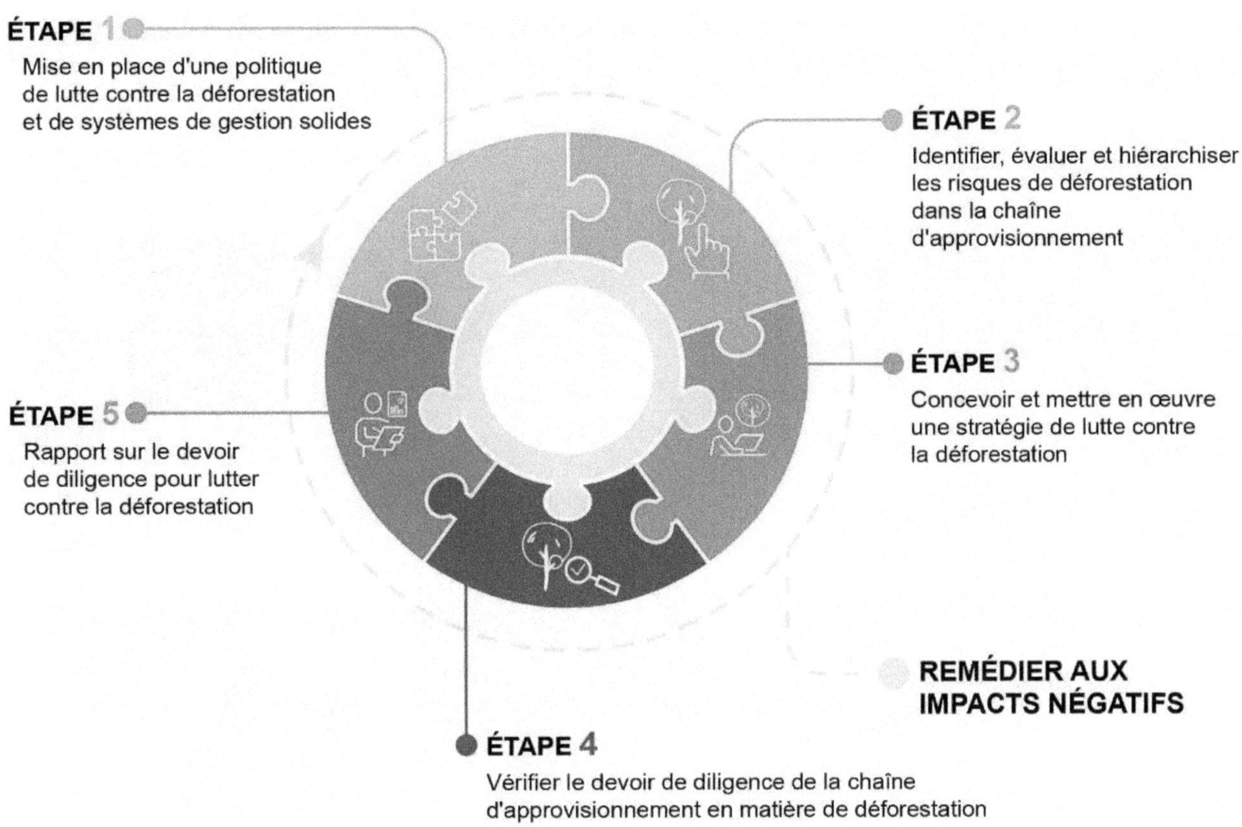

Source : Adapté de (OCDE/FAO, 2016[1]) et (OCDE, 2018[18]).

Qu'entend-on par « risque » dans le cadre du devoir de diligence

Pour de nombreuses entreprises, le terme « risque » renvoie principalement aux risques auxquels l'entreprise elle-même est exposée : risques financiers, risques de marché, risques opérationnels, risques pour la réputation, etc. Dans le domaine de la conduite responsable des entreprises, le risque se définit autrement : il correspond au degré de gravité et de probabilité des effets négatifs sur les populations, l'environnement et la société, que les entreprises causent, auxquels elles contribuent ou auxquels elles sont directement liées par leurs activités et leurs pratiques d'approvisionnement. Autrement dit, il s'agit d'une approche du risque orientée vers l'extérieur. Il est important de souligner que de nombreux facteurs sous-jacents peuvent conduire à la déforestation. Parmi les plus courants figurent la pauvreté, les violations des droits humains, les droits, ressources et capacités des communautés locales et des peuples autochtones, l'incertitude relative aux droits fonciers et forestiers, la corruption, ainsi que les faiblesses en matière de gouvernance et d'application de la loi. Tous ces éléments peuvent constituer des causes profondes des risques de déforestation.

Définir l'implication d'une entreprise dans des impacts négatifs

Une entreprise peut être à l'origine d'impacts négatifs, y contribuer ou y être directement liée par ses activités, produits ou services dans le cadre d'une relation commerciale (voir Graphique 4). Comprendre la nature de cette relation avec la déforestation – ou avec le risque de déforestation – est essentiel, car cela détermine les mesures que l'entreprise est censée prendre en réponse à l'impact. En fonction de son degré d'implication, agir face à la déforestation ou aux risques de déforestation peut consister, par exemple, à remédier directement à l'impact, mettre fin aux activités qui en sont à l'origine, prévenir un impact potentiel ou exercer son influence pour agir sur l'entité responsable.

Graphique 4. Lutte contre les impacts négatifs à partir d'exemples de relations avec l'impact

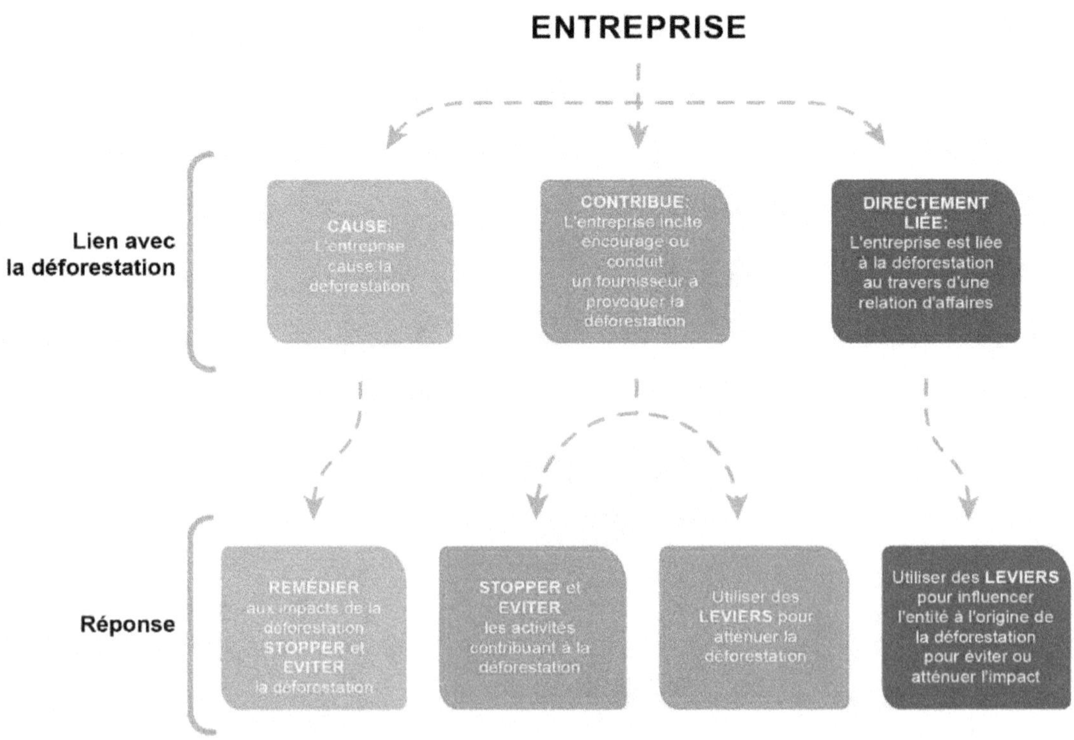

Source : Adapté de OCDE (2018[18]), Guide OCDE sur le devoir de diligence pour une conduite responsable des entreprises et OCDE/FAO (2016[11]), Guide OCDE-FAO pour des filières agricoles responsables, encadré 1.2.

Une entreprise *cause* un impact négatif lorsque ses propres actions entraînent directement cet impact. Par exemple, si une entreprise agricole cultive des terres auparavant couvertes par une forêt et qu'elle a déboisées, on considère qu'elle a causé cet impact. Un impact peut également résulter d'une inaction ou d'une omission.

Une entreprise *contribue* à un impact négatif lorsque ses activités, combinées à celles d'autres entités, provoquent l'impact, ou lorsqu'elle cause, facilite ou incite une autre entité à causer un impact négatif. Cette contribution doit être considérable, ce qui exclut les contributions mineures ou négligeables. Par exemple, une entreprise agricole peut contribuer à un impact si elle acquiert une concession foncière pour développer une plantation, en sachant que les terres concernées devront être déboisées afin d'obtenir la concession.

Une entreprise est *directement liée* à un impact négatif lorsque celui-ci est associé à ses opérations, produits ou services par l'intermédiaire d'une relation commerciale. Les relations commerciales d'une entreprise englobent des entités de la filière directement liées à ses opérations, produits et services. Elles comprennent également des relations qui vont au-delà des relations contractuelles, de premier rang ou immédiates. Il peut s'agir, par exemple, d'un producteur, d'un transformateur ou d'un négociant auprès duquel l'entreprise s'approvisionne en produits ou matières premières.

Étape 1 : Mettre en place une politique de lutte contre la déforestation et des systèmes de gestion solides

L'étape 1 du Guide OCDE-FAO consiste à mettre en place des systèmes de gestion et des politiques solides au sein de l'entreprise, qui soutiennent à leur tour l'ensemble des étapes suivantes du cadre pour l'exercice du devoir de diligence de l'OCDE-FAO. Ce chapitre explique comment cette première étape peut contribuer à appuyer les engagements des entreprises dans leur lutte contre la déforestation.

Questions stratégiques pour les entreprises

- Quel est notre degré d'ambition en matière de lutte contre la déforestation en tant qu'entreprise ? Quelle est notre définition des forêts ? Avons-nous réfléchi à une date de référence pour nos pratiques d'approvisionnement (voir Glossaire pour la définition) ?
- Notre politique est-elle conforme à la législation relative à la protection des forêts dans notre pays d'origine, dans nos pays de production et sur nos principaux marchés d'exportation, et va-t-elle au-delà de ces exigences ?
- Notre politique répond-elle aux attentes des investisseurs, des conseillers juridiques, des communautés locales et de la société civile ?
- Les cadres dirigeants de l'entreprise (y compris le Conseil d'administration) comprennent-ils : 1) les engagements de l'entreprise en matière de déforestation ; 2) les implications liées au choix d'une politique particulière ; 3) les systèmes nécessaires pour mettre en œuvre cette politique (la modification des contrats, la révision des relations existantes, les allocations budgétaires, les implications en matière de ressources humaines, par exemple) ; et 4) le coût de l'inaction, tant pour l'entreprise (impacts directs et indirects sur la production et les revenus) qu'à l'échelle mondiale (changements climatiques, perte de biodiversité, risques accrus pour la sécurité de l'approvisionnement alimentaire à moyen et long terme) ?
- Un responsable principal a-t-il été désigné pour coordonner et superviser la mise en œuvre de l'approche du devoir de diligence vis-à-vis de l'approvisionnement responsable (y compris les engagements relatifs à la déforestation) en collaboration avec les autres services de l'entreprise (juridique, affaires publiques/générales, achats, marketing) ? Les échanges entre ces services sont-ils suffisants ?
- Quels fournisseurs et autres parties prenantes devons-nous mobiliser pour développer nos engagements en matière de déforestation ? Comptons-nous, au sein de nos filières, des producteurs vulnérables – tels que de petits exploitants – nécessitant un appui particulier pour satisfaire aux exigences politiques et réglementaires de l'entreprise ?
- Nos systèmes de gestion intègrent-ils des indicateurs clés de performance permettant de suivre la réalisation de nos objectifs en matière de devoir de diligence lié à la déforestation ?
- Quels systèmes ou processus externes liés au devoir de diligence utilisons-nous pour appuyer notre gestion interne du devoir de diligence (le Guide OCDE-FAO, des codes sectoriels, les systèmes/mécanismes de certification des produits de base, des protocoles d'audit, par exemple) ?

Établir ou mettre à jour les politiques de développement durable relatives à la déforestation et les intégrer dans les processus de l'entreprise

Les éléments clés suivants ont été identifiés comme étant importants pour l'élaboration d'une politique sur la déforestation :

- La politique s'applique à l'ensemble de l'entreprise (y compris à ses filiales), ainsi qu'à ses chaînes d'approvisionnement, et veille à ce que tous les services pertinents travaillent de manière coordonnée afin de s'engager collectivement à éliminer la déforestation grâce à des pratiques responsables de production et d'approvisionnement.
- Elle fixe des objectifs mesurables pour réduire la déforestation et définit le niveau de risque acceptable en matière de déforestation dans les activités, filières et relations commerciales de

l'entreprise. Par exemple, l'objectif peut être d'atteindre la déforestation zéro, l'absence de déforestation illicite, ou encore la réduction de la déforestation d'ici une date précise. La définition de l'objectif comprend des cibles claires, assorties de délais précis et de dates de référence, ainsi que des définitions précises des termes « forêt », « déforestation » et « dégradation des forêts » (voir Glossaire).

- Les objectifs et définitions s'appuient généralement sur des engagements collectifs pris par l'entreprise, des accords et engagements internationaux et nationaux, la législation nationale, les lignes directrices d'associations professionnelles, les attentes des investisseurs ou encore des normes volontaires de durabilité dans les systèmes de certification (voir Annexe A pour des ressources complémentaires).
- La politique est fondée sur le risque, c'est-à-dire qu'elle traite en priorité les risques et impacts les plus importants, en tenant compte non seulement de la probabilité de survenue d'un impact, mais aussi de son ampleur, de sa portée et de son caractère potentiellement irréversible.
- La politique est régulièrement examinée et mise à jour à la lumière de l'évolution des zones d'approvisionnement, des tendances relatives à la déforestation, des connaissances accrues sur les risques dans la filière, ainsi que des normes internationales et législations nationales.

Intégrer la politique relative à la déforestation dans les organes de contrôle et les systèmes de gestion et différentes fonctions de l'entreprise

Les pratiques doivent être cohérentes dans l'ensemble des activités de l'entreprise, y compris tous les services ou unités susceptibles de prendre des décisions ayant une incidence sur les produits et denrées potentiellement associés à la déforestation, en particulier les fonctions d'achat et de passation de marchés. Les procédures relatives à la déforestation doivent être conformes aux autres politiques de devoir de diligence adoptées par l'entreprise et y être intégrées.

Intégrer les attentes et les politiques dans les relations avec les fournisseurs et les autres partenaires commerciaux

Puisque le devoir de diligence s'applique à l'ensemble des chaînes d'approvisionnement et des relations commerciales de l'entreprise, ainsi qu'à ses propres activités, la communication régulière avec les fournisseurs et autres partenaires commerciaux est essentielle. Pour les produits et filières associés à un risque élevé de déforestation, l'entreprise devrait :

- Communiquer les principaux aspects de sa politique relative à la déforestation aux fournisseurs et autres relations commerciales pertinentes. L'établissement de relations commerciales de long terme peut renforcer l'influence de l'entreprise, favoriser l'adoption de cette politique et améliorer la transparence.
- Intégrer les exigences et attentes relatives au devoir de diligence sur la déforestation dans les contrats conclus avec les fournisseurs et partenaires commerciaux, les codes de conduite des fournisseurs ou d'autres formes d'accords écrits, en veillant à les adapter aux capacités des fournisseurs.
- Développer et mettre en œuvre des processus de préqualification liés au devoir de diligence en matière de déforestation pour les fournisseurs et autres partenaires commerciaux, lorsque cela est pertinent, en les adaptant aux risques et aux circonstances spécifiques auxquels ils sont exposés.
- Fournir des ressources, des formations et un appui au renforcement des capacités aux

fournisseurs et autres partenaires commerciaux pour les aider à comprendre et appliquer la politique, ainsi qu'à mettre en œuvre leur propre devoir de diligence relatif à la déforestation. Cela peut inclure, par exemple, un cadre standardisé de déclaration. Certains fournisseurs, comme les petits exploitants, auront besoin d'un appui plus important.

- Identifier et surmonter les obstacles internes susceptibles d'empêcher les fournisseurs et autres partenaires commerciaux de mettre en œuvre la politique de devoir de diligence relative à la déforestation, par exemple certaines pratiques d'achat ou incitations commerciales de l'entreprise.

Les entreprises peuvent se heurter à des limites pratiques ou juridiques quant à leur capacité d'influencer ou d'adapter les relations commerciales afin de prévenir, stopper ou atténuer les impacts négatifs sur les forêts, ou d'y remédier. Elles peuvent toutefois renforcer leur influence en recourant à divers instruments, tels que des accords contractuels, des exigences de préqualification, des fiducies de vote, des accords de licence ou de franchise, ainsi qu'à des démarches de collaboration permettant de mutualiser les moyens d'influence au sein d'associations professionnelles ou d'initiatives intersectorielles.

Les plans de mise en œuvre développés en coordination avec des partenaires commerciaux et mobilisant, le cas échéant – et, lorsque pertinent, avec les autorités locales et nationales, les organisations internationales, les communautés locales et la société civile – peuvent également améliorer la conformité, notamment lorsqu'ils proposent des formations et sessions de renforcement des capacités. Les associations professionnelles et initiatives multipartites sont souvent en mesure de fournir un soutien pour plusieurs des étapes mentionnées ci-dessus.

Mettre en place des systèmes de contrôle tout au long de la filière

La mise en place de systèmes permettant à l'entreprise de contrôler la mise en œuvre et les impacts de sa politique sur la déforestation est essentielle pour en garantir la crédibilité et l'efficacité, ainsi que pour assurer de bonnes relations avec les parties prenantes, y compris les investisseurs et les gouvernements. Cela implique :

- D'établir des procédures de vérification afin de réaliser régulièrement des examens indépendants et transparents de la conformité à la politique. Ces procédures peuvent inclure un engagement et un suivi continus des fournisseurs, ainsi que des audits internes et externes indépendants (ces derniers étant particulièrement recommandés en cas de risque élevé d'association avec la déforestation). Ces vérifications s'appliquent tant à l'entreprise qu'à ses fournisseurs.
- De mettre en place des systèmes de surveillance et de contrôle pour les chaînes de contrôle des denrées et produits identifiés par l'entreprise comme potentiellement associés à la déforestation. Ce point est détaillé dans l'étape 4 du Guide OCDE-FAO (vérification du devoir de diligence).

Typiquement, ces étapes auront lieu en même temps, ou peu de temps après que l'entreprise aura commencé à cartographier la filière, conformément à l'étape 2 du Guide OCDE-FAO (identification des risques).

Mettre en place un mécanisme de recours et gestion des plaintes au niveau opérationnel, en consultation et en collaboration avec les parties prenantes concernées

Les mécanismes de recours, qui doivent comprendre des systèmes de traitement des plaintes et des dispositifs d'alerte précoce, peuvent aider les entreprises à détecter les cas de non-conformité à leurs politiques de lutte contre la déforestation, que ce soit dans leurs propres activités ou dans celles de leurs fournisseurs et autres partenaires commerciaux. Ils contribuent également à identifier et atténuer les risques, y compris par le biais d'une communication renforcée avec les parties prenantes, et fournissent un mécanisme pour prévenir et résoudre les conflits. Ces mécanismes peuvent aussi servir de canal pour recueillir observations et suggestions. Ils peuvent être établis au niveau d'un projet, d'une entreprise ou d'un secteur. Les entreprises peuvent mettre en place leurs propres mécanismes tout en participant simultanément à d'autres dispositifs similaires. Il est essentiel que ces mécanismes soient accessibles, en particulier, lorsque pertinent, aux parties prenantes locales, y compris les femmes ainsi que les groupes vulnérables ou marginalisés. Les recours doivent être traités dans un délai raisonnable et l'anonymat respecté lorsqu'il est demandé.

Suggestions pour les PME

- Définir le niveau d'engagement politique que vous êtes prêts à adopter, compte tenu des lois nationales, des engagements internationaux et des engagements de l'entreprise vis-à-vis de sa clientèle.
- Choisir les définitions de "forêt" et "déforestation" que vous souhaitez utiliser, ainsi que la ou les date(s) de référence. (Les initiatives sectorielles, de même que d'autres politiques et engagements des PME existants, peuvent constituer des modèles utiles).
- Décider comment l'engagement politique sera mis en œuvre, en tenant compte de vos ressources financières et humaines.
- Communiquer vos engagements, que ce soit au moyen d'une déclaration ou d'un engagement écrit distinct, ou dans le cadre de la vision de votre entreprise, de vos valeurs ou de votre politique d'approvisionnement responsable.
- Participer à des plateformes multipartites consacrées aux denrées durables, qui visent à minimiser la déforestation grâce à l'action collective.
- Décrire vos limites et votre approche de hiérarchisation des risques, y compris les mesures prévues si vous découvrez qu'un partenaire commercial s'approvisionne dans des zones déforestées.
- Intégrer dans vos politiques les engagements nationaux ou régionaux en matière de déforestation et de dégradation des forêts.

Étape 2 : Identifier, évaluer et hiérarchiser les risques de déforestation dans la filière

L'étape 2 du Guide OCDE-FAO consiste à examiner les filières et à cartographier les risques de déforestation, afin de permettre aux entreprises d'établir leurs priorités d'action. Dans le cadre du Guide OCDE-FAO, les entreprises sont tenues d'identifier les domaines généraux où les risques d'impacts négatifs sont les plus élevés et de définir, en conséquence, le niveau de priorité des mesures de devoir de diligence. Les fournisseurs présentant un risque élevé, ainsi que ceux opérant dans des zones à risque, devront faire l'objet d'un examen plus approfondi.

Graphique 5. Identifier, évaluer et hiérarchiser les risques de déforestation dans la filière

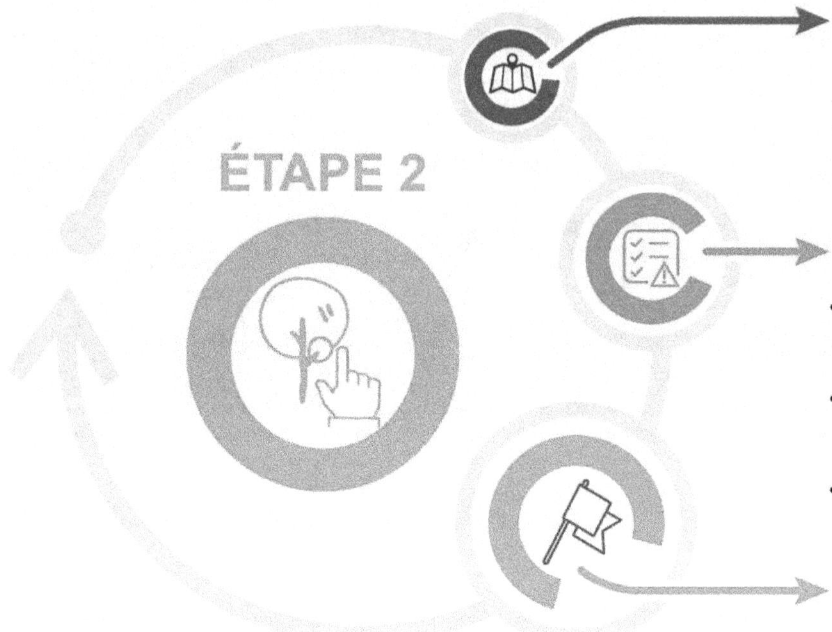

Cartographier la filière

Identifier la source des produits et les principaux acteurs. Identifier les "points de contrôle" pour évaluer leurs efforts de devoir de diligence.

Évaluer les risques de déforestation

- Identifier les produits, les biens, les services, les fournisseurs et les zones d'approvisionnement.
- Analyser l'étendue / le type de couvert forestier, les tendances et les facteurs de déforestation.
- Utiliser les informations relatives à la tracabilité et à la chaîne de contrôle pour évaluer les risques.

Détecter les signaux d'alerte

Exemples:

- Zone où la gouvernance et l'application de la loi sont faibles, zones de conflit.
- Partenaires commerciaux/fournisseurs liés à la déforestation.
- Fournisseurs s'approvisionnant dans des lieux ou auprès de fournisseurs liés à un signal d'alerte.

Questions stratégiques pour les entreprises

Cartographier la filière :

- Quels services au sein de l'entreprise sont responsables de la cartographie de la filière et de la définition des priorités ? Disposent-ils des capacités et du budget nécessaires pour respecter les engagements de l'entreprise en matière de déforestation ?
- Quels systèmes ou processus utilisons-nous pour cartographier nos activités et nos filières afin d'identifier les risques de déforestation (à travers la recherche documentaire, les cartes thermiques, des questionnaires adressés aux fournisseurs, des données satellitaires, visites sur le terrain, par exemple)?
    - Jusqu'où la filière a-t-elle été cartographiée en amont ?
    - Disposons-nous d'un plan pour cartographier les points de contrôle ou goulots d'étranglement clés dans les filières à haut risque (voir Glossaire) ?
    - Utilisons-nous une approche fondée sur les risques pour hiérarchiser les entités de la filière et déterminer quelles parties doivent être cartographiées en détail ?
    - Veillons-nous à ce que l'identification des risques remonte en amont jusqu'à la production agricole ?
    - Certaines parties de la filière n'ont-elles pas pu être cartographiées en raison d'un manque de transparence (les achats sur le marché au comptant, par exemple) ?
    - Que pouvons-nous faire pour améliorer la transparence (renforcer le dialogue avec les fournisseurs, arrêter d'acheter sur le marché au comptant, par exemple) ?
- Quel niveau de traçabilité ou quelle chaîne de contrôle avons-nous mis en place pour nos produits ?
- D'où proviennent nos informations (systèmes ou dispositifs de traçage internes, données des fournisseurs, données externes, collaboration avec des groupes industriels, données satellitaires en libre accès, par exemple) ?
    - Disposons-nous de cartes actualisées du couvert forestier et des frontières de la déforestation dans nos zones d'approvisionnement de produits et matières premières ?
    - Quels services ou individus sont chargés de cartographier les risques de déforestation et de maintenir la qualité des données ? Dépendons-nous pour cela d'informations publiques ou de contrats avec des prestataires externes ?
    - Quel est le degré de fiabilité de ces informations, et comment pouvons-nous les vérifier ?
    - Quel est le degré de traçabilité de nos matières premières et produits ?
- Que font nos partenaires pour identifier les risques de déforestation ? Comment leurs informations peuvent-elles être renforcées, coordonnées et intégrées dans le cadre de notre approche ?

Évaluer et hiérarchiser la filière :

- Quels risques de déforestation considérons-nous comme les plus importants et prioritaires ? Quels sont nos fournisseurs ou partenaires commerciaux les plus à risque ?
- Quelles mesures devons-nous prendre pour vérifier les données relatives à notre filière et garantir qu'elles sont à jour ? Procédons-nous à des triangulations de données, à des visites de sites ou chez les fournisseurs, à des audits ? Utilisons-nous des données ou technologies

en temps réel ? Coopérons-nous avec des groupes sectoriels pour échanger des informations, etc. ?

- Selon quels critères et quelles normes évaluons-nous les risques ?
- Comment évaluons-nous et priorisons-nous les risques de déforestation ? Utilisons-nous un système de signaux d'alerte (voir ci-dessous) ? Fournissons-nous un soutien aux agriculteurs et entreprises locaux, et sous quelle forme (formation, ressources, équipements) ?

Cartographier la filière en identifiant les acteurs impliqués, y compris les fournisseurs et partenaires commerciaux immédiats, et les sites d'exploitation

La cartographie et la définition des priorités doivent commencer par un inventaire de haut niveau des produits, services et fournisseurs de l'entreprise. Cette étape consiste à identifier les sources de toutes les matières premières et produits couverts par la politique de l'entreprise relative à la déforestation, afin de comprendre clairement les risques liés à leur production et à leur acquisition. Le niveau de détail des informations collectées sur les fournisseurs et partenaires commerciaux dépend de la gravité du risque de déforestation et de leur degré de proximité avec ce risque.

La cartographie de la filière implique d'identifier :

- La source des matières premières ou produits dérivés, y compris leur pays de production, leur zone d'origine et, lorsque pertinent, la parcelle sur laquelle elles ont été produites. Ces informations permettent d'identifier les pays ou zones les plus exposés au risque de déforestation et d'orienter l'attention vers les zones ou fournisseurs à haut risque. Le contexte juridique et politique de la zone d'origine peut être tout aussi déterminant que les tendances en matière de déforestation ou de production agricole. Les entreprises doivent exercer leur devoir de diligence dans les zones présentant un ou plusieurs des « signaux d'alerte » suivants :
    - zones définies ou connues comme des zones protégées, gérées collectivement (régies par des droits fonciers détenus par des communautés locales ou des peuples autochtones), zones à haute valeur de conservation ou à forte teneur en carbone (tourbières boisées, par exemple) ;
    - zones caractérisées par une forte pauvreté rurale et une dépendance marquée vis-à-vis de l'agriculture comme principale source de revenu ;
    - zones habitées par des communautés locales et des peuples autochtones ;
    - zones considérées comme exposées à un risque élevé de conflit ;
    - zones où les droits humains et les droits des peuples autochtones sont peu protégés ou dans lesquelles les droits fonciers sont mal définis ou contestés (voir Encadré 1) ;
    - zones où la gouvernance est faible, où l'État de droit est peu appliqué et où la corruption est élevée ;
    - zones où le niveau de protection des forêts par les autorités nationales ou locales est faible.

Encadré 1. Problématiques relatives aux régimes fonciers

Les questions liées aux régimes fonciers – y compris l'ensemble des droits implicites qui les accompagnent, de l'accès à la propriété – sont au cœur des débats sur la lutte contre la déforestation. Une part importante des forêts tropicales relève, selon la coutume, des peuples autochtones, des communautés traditionnelles et d'autres détenteurs de droits coutumiers. Les entreprises qui souhaitent accéder à des terres à des fins de production doivent respecter les droits de celles et ceux qui les détiennent, les occupent ou les utilisent. Elles ne peuvent accéder à ces terres qu'au terme d'un processus qui reconnaît d'abord ces droits. Cela peut également s'appliquer aux autorités publiques nationales ou locales.

Les droits des personnes ne disposant pas de titres de propriété formels sur ces terres doivent aussi être reconnus ; il s'agit des locataires, métayers, ouvriers agricoles et autres détenteurs de droits informels d'accès et d'utilisation des terres et ressources naturelles. Ces droits informels incluent notamment les droits fonciers des femmes, souvent subsumés sous ceux des chefs de ménage de sexe masculin.

Le processus de reconnaissance des droits fonciers s'avère souvent complexe. L'identité des titulaires de droits n'est pas toujours claire ; les droits coutumiers peuvent entrer en conflit avec les droits statutaires, et ces derniers ne sont pas toujours conformes aux obligations internationales en matière de droits humains. De nombreux mécanismes de certification et autres outils (l'approche High Carbon Stock, par exemple) établissent des normes visant à garantir le respect des régimes fonciers et des processus qui les définissent, notamment par le biais de démarches telles que la cartographie participative menée conjointement par l'entreprise et les communautés. Toutefois, la certification en elle-même ne garantit pas toujours la conformité à ces normes.

Le consentement préalable, donné librement et en connaissance de cause peut être un élément important de ce processus. Comme l'indique l'annexe B du Guide OCDE-FAO, ce consentement suppose d'organiser un processus de consultation avec les peuples autochtones concernés ; de mener ces consultations en déterminant, ensemble, ce qui constitue un consentement approprié (en veillant à la représentation des femmes et autres groupes marginalisés) ; et d'engager ce processus avant le début des activités (si le consentement est donné). Il s'agit d'un processus itératif et continu, plutôt que d'une discussion ponctuelle ; le dialogue continu permettra d'instaurer la confiance et de parvenir soit à un accord équilibré, soit à la conclusion que le projet ne doit pas être poursuivi, ce qui profite à l'investissement à toutes les étapes du projet (FAO, 2014[19] ; FAO, 2016[20]).

Les *Directives volontaires pour une gouvernance responsable des régimes fonciers applicables aux terres, aux pêches et aux forêts dans le contexte de la sécurité alimentaire nationale*, approuvées officiellement par le Comité de la sécurité alimentaire mondiale en 2012, fournissent des orientations détaillées sur la gouvernance responsable des régimes fonciers.

Outre l'analyse des zones à risque, les entreprises peuvent recourir à un système de « signaux d'alerte » concernant :

- Les secteurs ou produits – denrées dont on sait qu'elles sont fréquemment associées à la déforestation ou à la dégradation des forêts ;
- Les partenaires commerciaux – fournisseurs dont on sait qu'ils font du commerce de matières premières ou qu'ils s'approvisionnent dans les forêts ; fournisseurs dont on sait :
    - Qu'ils ont de mauvais antécédents en matière de déforestation ;
    - Qu'ils se sont approvisionnés en produits de base dans des zones présentant un signal d'alerte (voir ci-dessus) ;

- Qu'ils exercent leurs activités dans des zones présentant un signal d'alerte (voir ci-dessus) ;
- Qu'ils n'ont pas respecté les normes reconnues au niveau international, telles que celles énoncées dans le Guide OCDE-FAO.

Les entreprises peuvent également donner la priorité à certains produits, zones géographiques ou fournisseurs afin de mener des évaluations plus approfondies. Cette approche les aide à renforcer leur transparence tout au long de la chaîne d'approvisionnement pour les zones, produits ou fournisseurs jugés prioritaires.

Identifier les différents acteurs de la filière, notamment les fournisseurs et partenaires commerciaux, et les classer par ordre de priorité à l'aide d'une approche fondée sur le risque. Ces activités peuvent toutefois être complexes lorsque les produits sont achetés par l'intermédiaire de négociants locaux ou sur des marchés au comptant. La cartographie de la filière nécessitera un dialogue avec les négociants et fournisseurs, en particulier ceux intervenant aux **points de contrôle ou goulots** d'étranglement de la filière. Les entreprises peuvent ainsi repérer des points de contrôle, tels que les points de traitement, où un nombre limité d'acteurs traite une grande partie des intrants – par exemple des transformateurs de denrées, des négociants, des grossistes, des exportateurs ou encore des bourses de marchandises.

Répéter ce processus avant tout nouvel investissement ou la poursuite d'activités commerciales entraînant des changements dans la chaîne d'approvisionnement.

La mise en place d'un **système de contrôles et de transparence** tout au long de la filière implique :

- D'évaluer le type de traçabilité de la filière ou de la chaîne de contrôle proposée par les fournisseurs et sa qualité, ainsi que toute plainte ou réclamation déposée contre un acteur de la filière, y compris les fournisseurs et partenaires commerciaux.
- Les approches en matière de traçabilité : la traçabilité jusqu'à l'origine ; la traçabilité jusqu'à un fournisseur disposant de son propre système robuste de traçabilité et de diligence (l'entreprise en aval étant chargée d'en évaluer la solidité) ; la traçabilité démontrant un risque négligeable de déforestation lié aux produits de base sur l'ensemble de son territoire ; le recours à un système crédible de certification ou de chaîne de contrôle.

La quantité d'informations recueillies sur les fournisseurs et les partenaires commerciaux dépend de la gravité du risque de déforestation et de leur degré de proximité avec ce risque. Dans les zones fortement exposées, un degré plus élevé de traçabilité ou de chaîne de contrôle – jusqu'au niveau de l'exploitation – sera nécessaire, ce qui peut s'avérer difficile dans certaines régions. Il convient donc de tenir compte de l'écart éventuel entre le niveau de risque et la granularité des informations disponibles au moment de définir la stratégie d'atténuation du risque.

Il existe plusieurs systèmes de traçabilité, notamment ceux utilisés dans de nombreux programmes de certification (voir Annexe A pour plus d'informations sur les programmes de certification). Selon la granularité des informations suivies, ils offrent des niveaux variables de confiance quant au lien entre les produits de base et leur lieu de production – et donc quant au risque de déforestation :

- Dans le modèle *identité préservée*, les produits issus d'une seule source certifiée identifiable sont conservés séparément des produits non certifiés, ainsi que des produits certifiés issus d'autres sources, tout au long de la chaîne d'approvisionnement. La parcelle de production est connue.
- Dans le modèle *ségrégation*, les produits certifiés issus de différentes sources certifiées sont mélangés entre eux, mais restent séparés des produits non certifiés.
- Dans le modèle *bilan massique,* les produits certifiés sont mélangés à des produits non certifiés, mais les proportions sont contrôlées sur le plan administratif ; les utilisateurs peuvent faire la promotion de leur produit comme étant partiellement certifié (ou mixte), en indiquant généralement un pourcentage précis.

- Dans le modèle *book-and-claim*, les produits certifiés ne sont pas séparés, mais les fournisseurs de produits certifiés vendent des crédits aux utilisateurs. Même si ces derniers n'utilisent pas directement de produits certifiés, ils contribuent néanmoins aux coûts de la production responsable.

L'Encadré 2 recense les types et sources d'information potentielles dont les entreprises peuvent avoir besoin à ces fins.

Encadré 2. Types et sources d'information potentielles pour cartographier la chaîne d'approvisionnement et évaluer les risques de déforestation

Types d'informations :

- Nom et localisation géographique des agriculteurs, des négociants locaux, des transformateurs et de toute autre entreprise de la filière jusqu'auxquels l'entreprise en aval souhaite remonter
- Volumes moyens de production des exploitations ou des zones juridictionnelles fournissant les produits, afin de repérer d'éventuelles fuites entre zones exposées à des risques de déforestation différents
- Données nationales sur la production et le commerce du produit concerné, susceptibles d'aider à identifier des fuites, notamment des importations occultes en provenance d'un pays tiers dans les zones proches des frontières
- Informations sur les installations de transformation (par exemple, huilerie de palme, zones d'approvisionnement des broyeurs de soja)
- Le cas échéant, données de géolocalisation (coordonnées géographiques) de la parcelle sur laquelle les produits sont cultivés, sous forme de coordonnées ponctuelles ou de cartographie polygonale de la parcelle, des limites de l'exploitation ou d'un périmètre plus large (village, paysage ou juridiction)
- Cartographie d'exploitations agricoles et bases de données d'enregistrement
- Cadres juridiques encadrant la production des denrées et des produits achetés par l'entreprise, ainsi que la conversion des forêts dans les pays producteurs ; niveaux de gouvernance, application des lois, conformité à la légalité, respect des droits humains et fonciers, et risques de corruption
- Données issues des systèmes de certification, y compris, par exemple, les volumes des produits entièrement certifiés et ceux répondant à des critères de certification plus restreints
- Analyses visuelles, isotopiques ou ADN d'échantillons, permettant de distinguer différentes espèces (pour le bois, par exemple) et, pour certaines denrées, d'identifier des origines géographiques distinctes

Sources potentielles :

- Bons de commande et factures, numéros de lot des marchandises et des produits
- Questionnaires adressés aux fournisseurs, y compris à leurs sous-traitants
- Visites sur site dans les zones de production, de transformation et de stockage
- Programmes d'entreprises et d'associations professionnelles, synthèses publiques de rapports d'audit, allégations ou étiquetages relatif aux produits, y compris les systèmes volontaires de certification et de vérification de la légalité
- Informations produites dans le cadre d'approches juridictionnelles ou paysagères
- Prestataires privés ou publics de services de télédétection

- Outils de cartographie et de transparence de la filière, comme par exemple : TRASE, SPOTT, FLEGT IMM, Open Timber Portal, fournisseurs commerciaux, initiatives sectorielles, projets de coopération
- Systèmes de traçabilité, comme par exemple : les systèmes de traçabilité commerciale ou nationale, Independent Forest Monitoring, Timber Legality Assurance Systems

Note : Note : Les initiatives mentionnées ci-dessus abordent la déforestation selon différentes approches; il est donc essentiel d'en vérifier la fiabilité

Évaluer les risques de déforestation associés aux produits, biens, services, fournisseurs et zones d'approvisionnement

Une fois identifiées les sources des marchandises et produits couverts par la politique de l'entreprise relative à la déforestation, et une fois la zone d'approvisionnement connue, il devient possible d'évaluer le risque d'association de la production avec la déforestation.

Probabilité et gravité. L'importance d'un impact négatif dépend de sa probabilité et de sa gravité. La gravité peut être analysée au regard de l'ampleur, de la portée et du caractère irrémédiable de l'impact :

- L'*ampleur* décrit le degré de gravité de l'impact sur les forêts en général, sur certains types de forêts (zones protégées, à haute valeur de conservation, à forte teneur en carbone, par exemple) ou la mesure des changements dans la composition en essences d'arbres.
- La *portée* renvoie à l'étendue de l'impact, par exemple la superficie totale affectée ou les effets sur certaines zones ou essences particulières.
- Le *caractère irrémédiable* désigne toute limitation de la capacité à restaurer la forêt, les espèces qui en dépendent ou les communautés qui y vivent, y travaillent ou en tirent leurs moyens d'existence, pour les ramener à une situation équivalente à celle d'avant l'impact. Une attention particulière doit être accordée aux défis majeurs liés à la restauration des valeurs et fonctions sociales et environnementales d'une forêt.

Le processus de hiérarchisation des impacts est continu. Dans certains cas, des impacts négatifs nouveaux ou émergents peuvent apparaître et devenir prioritaires avant le traitement d'autres impacts moins importants.

L'évaluation des risques doit combiner des informations sur :

- la superficie et le type de couvert forestier dans la zone d'approvisionnement ;
- les tendances de la déforestation dans cette zone (de manière générale, et non uniquement pour certains produits) ;
- les moteurs directs de la déforestation ;
- les moteurs indirects de la déforestation ;
- les niveaux de traçabilité ;
- la complexité de la filière.

Plus l'étendue et le risque de déforestation sont élevés, plus le niveau de détail requis sera important. Lorsque le risque est très faible, une évaluation au niveau national ou régional peut suffire ; lorsqu'il est plus élevé, l'évaluation devra se concentrer sur des zones plus petites et pourra nécessiter des informations géolocalisées détaillées au niveau des exploitations agricoles. Les lacunes d'information concernant les zones d'approvisionnement à haut risque doivent être comblées en priorité.

Couvert forestier. Ceci doit comprendre des évaluations de la proximité des fournisseurs vis-à-vis des zones forestières restantes dans l'aire d'approvisionnement (y compris au sein même des exploitations) et dans les zones environnantes. Ces informations aident l'entreprise à estimer le risque de déforestation future. Par exemple, une région affichant aujourd'hui de faibles taux de déforestation mais possédant encore une importante couverture forestière présente un risque plus élevé qu'une région qui, malgré des taux de déforestation historiquement élevés, ne compte désormais presque plus de forêts.

Tendances en matière de déforestation. Un nombre croissant de sources d'information sur les taux et l'ampleur de la déforestation est désormais disponible (voir Encadré 3 et Glossaire). Les fronts de déforestation se déplacent au fil du temps et leur dynamique n'est pas linéaire. Le risque de déforestation dans les zones d'approvisionnement (qui peuvent elles-mêmes évoluer fréquemment) doit donc être régulièrement mis à jour. L'utilisation de services d'alerte précoce sur la déforestation devrait être envisagée.

Facteurs directs. Un facteur direct de la déforestation correspond à la cause immédiate de la perte de couvert forestier et du changement d'affectation des terres qui l'accompagne. L'estimation de la probabilité que les forêts soient converties en terres cultivées ou en pâturages en raison de l'expansion de la production de la denrée utilisée par l'entreprise constitue un élément clé de l'évaluation des risques.

Facteurs sous-jacents/indirects. Les facteurs indirects, parfois appelés facteurs sous-jacents, regroupent les causes politiques, juridiques, économiques, sociales ou contextuelles qui favorisent le changement d'affectation des terres. Par exemple, si les données disponibles montrent qu'une demande accrue ou une hausse des prix d'une marchandise spécifique ont entraîné une déforestation, et si les projections commerciales indiquent que cette tendance va se poursuivre, alors le risque de déforestation demeurera élevé. Autre exemple, lorsque les normes de gouvernance de l'utilisation des forêts et des terres, ainsi que l'application des lois, sont faibles, le risque de déforestation sera plus élevé que dans les contextes où ces normes sont rigoureuses.

La complexité de la filière, y compris le nombre d'étapes intermédiaires qu'elle comprend, et le risque de mélange de produits provenant de sources inconnues ou potentiellement à haut risque. Il s'agit notamment d'identifier clairement les différents acteurs de la filière, y compris les fournisseurs et les partenaires commerciaux. Ce point est essentiel : plus la chaîne comporte de maillons, plus le risque est élevé, car chaque maillon peut accroître la probabilité que des produits associés à la déforestation s'intègrent dans les approvisionnements. La nature des liens (négociants intermédiaires s'approvisionnant directement auprès des exploitations et revendant les marchandises au prochain maillon de la chaîne, par exemple) est également importante, en particulier lorsque la marchandise provient d'un grand nombre de sources, notamment de petits producteurs qui peuvent avoir besoin d'un accompagnement pour respecter la politique de l'entreprise.

Lorsqu'une entreprise ne peut traiter l'ensemble des impacts identifiés, elle doit hiérarchiser ses actions en fonction de la gravité et de la probabilité de survenue des impacts négatifs. Une fois les impacts les plus importants identifiés et traités, elle doit progresser vers les impacts moins prioritaires.

Encadré 3. Sources potentielles d'information sur la déforestation et ses moteurs

- Télédétection à partir de données satellitaires ou radar, comme par exemple: Global Forest Watch, Terra-i, Centre EROS (Earth Resources Observation and Science) ; systèmes nationaux, comme par exemple: PRODES, Brésil ; Mapbiomas ; IDEAM, Colombie ; Geobosques, Pérou)

- Évaluation de la gouvernance et de l'application des lois dans le pays source, comme par exemple: Indicateurs mondiaux de la gouvernance de la Banque mondiale, Indice de perception de la corruption de Transparency International ou Indice Freedom House
- Systèmes d'alerte de déforestation, comme par exemple: alertes GLAD de Global Forest Watch, alertes RADD de perturbation forestière
- Série Évaluation des ressources forestières de la FAO
- Communautés locales, peuples autochtones et organisations de la société civile ; contrôles forestiers indépendants ou communautaires (le recours à des membres de la communauté comme surveillants forestiers peut être un moyen efficace de collecter des données et de signaler la déforestation)
- Évaluation des risques à l'échelle du pays ou du paysage, comme celles menées par LandScale
- Informations recueillies par des mécanismes d'alerte précoce ou de recours
- Études sur les moteurs de la déforestation, rapports de mesure, de notification et de vérification, comme par exemple dans le cadre des stratégies nationales REDD+
- Outils élaborés par la société civile, comme la Cocoa Accountability Map de Mighty Earth
- Pour plus de ressources, consulter l'Annexe A.

Évaluations des risques : Quels types existe-t-il ? Qui fait quoi ?

Il existe plusieurs types et niveaux d'évaluation des risques.

- L'**évaluation des risques contextuels** est menée au niveau du pays ou de la région pour analyser le cadre réglementaire, le contexte politique, les libertés civiles et les conditions socioéconomiques.
- L'**évaluation des risques sur site** vise à comprendre les circonstances factuelles entourant les activités des partenaires commerciaux, de façon à évaluer la portée, la gravité et la probabilité des risques au niveau du site.Les évaluations peuvent notamment consister à vérifier les volumes de marchandises produits dans certaines zones par rapport aux volumes autorisés, à consulter les parties prenantes, à faire intervenir des tiers (comme des organisations de la société civile) pour assurer un suivi, ou encore à organiser des visites sur les exploitations et dans les installations de transformation.
- Les **entreprises en amont** (les exploitations et plantations, par exemple) peuvent mettre en place des équipes d'évaluation sur le terrain chargées de produire et partager des informations fiables, vérifiables et à jour sur l'ampleur de la déforestation. Ces entreprises doivent également veiller au respect des titulaires de droits fonciers légitimes (voir Encadré 1). Les résultats de leurs évaluations des risques doivent être communiqués aux entreprises en aval.
- Les **entreprises en aval** doivent non seulement identifier les risques liés à leurs propres activités, mais aussi évaluer, dans la mesure du possible, les risques associés aux activités de leurs fournisseurs et sous-traitants. Elles peuvent évaluer ces risques en vérifiant si leurs fournisseurs ont exercé leur devoir de diligence, ou en évaluant directement leurs activités, par exemple en organisant des visites dans les exploitations et au sein des communautés locales. Les outils tels que les alertes de déforestation peuvent aider à contrôler ponctuellement les activités des fournisseurs et à détecter tout lien potentiel avec la déforestation. Les informations doivent être recherchées à la fois sur les systèmes internes des fournisseurs et dans les volumes de produits qu'ils livrent. La participation à des programmes sectoriels qui évaluent le respect, par les

partenaires commerciaux, des politiques de lutte contre la déforestation et qui fournissent des informations pertinentes peut également appuyer ces évaluations.

- Les **sociétés financières** doivent exercer leur devoir de diligence vis-à-vis de leur clientèle et de leurs investissements. La nature et la portée de ce devoir dépendent de la taille et de la nature de leur portefeuille d'investissement, ainsi que de leur relation avec des clients ou des investissements spécifiques (participation dans la société, durée de l'investissement, accès aux informations pertinentes et probabilité d'exercer une influence significative, par exemple). Lorsqu'elles gèrent un grand nombre de clients et d'entreprises, les sociétés financières sont encouragées à donner la priorité aux efforts fondés sur les évaluations des risques. Elles devraient concentrer leurs efforts en premier lieu sur les impacts les plus graves liés à la déforestation dans le cadre de leur devoir de diligence, tout en continuant à surveiller les risques, en réexaminant régulièrement les choix de priorisation et en élargissant progressivement leurs actions, dans la mesure du possible et du nécessaire, afin de couvrir un éventail plus large de clients, d'entreprises bénéficiaires et d'interventions.

Suggestions pour les PME

Pour toutes les PME :

- Identifier votre produit phare et hiérarchiser vos efforts de cartographie en conséquence.
- Établir une liste de vos fournisseurs directs et indirects (sous-traités) et identifier ceux qui pourraient nécessiter un examen plus approfondi ou des actions supplémentaires dans le cadre du devoir de diligence relatif à la déforestation (selon leur localisation, le type de produit, leur rôle dans la chaîne d'approvisionnement, la taille de l'entreprise).
- Recueillir des informations sur les fournisseurs directs et indirects par différents moyens permettant de réduire les coûts, notamment: la recherche documentaire à partir d'informations publiées en ligne, la collaboration avec des initiatives tierces ou la participation à des actions collectives dans le cadre d'associations professionnelles. Certaines de ces collaborations professionnelles permettent aux PME de partager des informations sur l'évaluation des risques, la traçabilité et parfois le suivi.
- Demander aux fournisseurs directs de transmettre des informations sur leurs pratiques en matière de devoir de diligence, leurs pratiques d'approvisionnement et leurs politiques relatives à la déforestation ; évaluer ces informations afin d'identifier les fournisseurs qui ne disposent pas encore de mesures efficaces pour gérer les risques de déforestation.
- Envisager d'organiser des échanges réguliers avec les fournisseurs situés en amont aux points de contrôle de la chaîne d'approvisionnement, afin de mieux comprendre comment ils identifient, préviennent et atténuent les impacts de la déforestation dans les secteurs jugés prioritaires.

En outre, les PME en amont peuvent :

- Se renseigner sur la provenance des produits et sur la manière dont ils ont été cultivés et achetés ; il peut être plus réaliste de se concentrer sur certains paysages sources particuliers plutôt que sur des zones plus étendues.
- Organiser des réunions avec des coopératives, des agriculteurs et d'autres producteurs, ainsi qu'avec les peuples autochtones et les communautés locales, qui sont directement exposées aux risques liés à la production et à la déforestation.

- Renforcer leur pouvoir de négociation : collaborer avec d'autres PME qui s'approvisionnent auprès des mêmes producteurs, afin d'identifier et de classer les risques de déforestation dans le secteur par ordre de priorité.
- Solliciter des conseils et des informations auprès des associations professionnelles, programmes de certification (privés ou nationaux), organisations internationales (OCDE, FAO, PNUE, par exemple), organismes publics, ONG, syndicats et initiatives multipartites concernées.

Étape 3 : Concevoir et mettre en œuvre une stratégie de lutte contre la déforestation

L'étape 3 du Guide OCDE-FAO consiste à répondre aux risques de déforestation identifiés, en rendant des comptes aux membres désignés de la haute direction et en élaborant puis adoptant un plan de gestion des risques. Ce plan doit définir les mesures appropriées de prévention et d'atténuation des risques. Les entreprises doivent veiller à ce que les risques soient effectivement traités et à ce que des mesures soient prises pour remédier aux impacts négatifs déjà survenus.

Graphique 6. Concevoir et mettre en œuvre une stratégie de lutte contre la déforestation

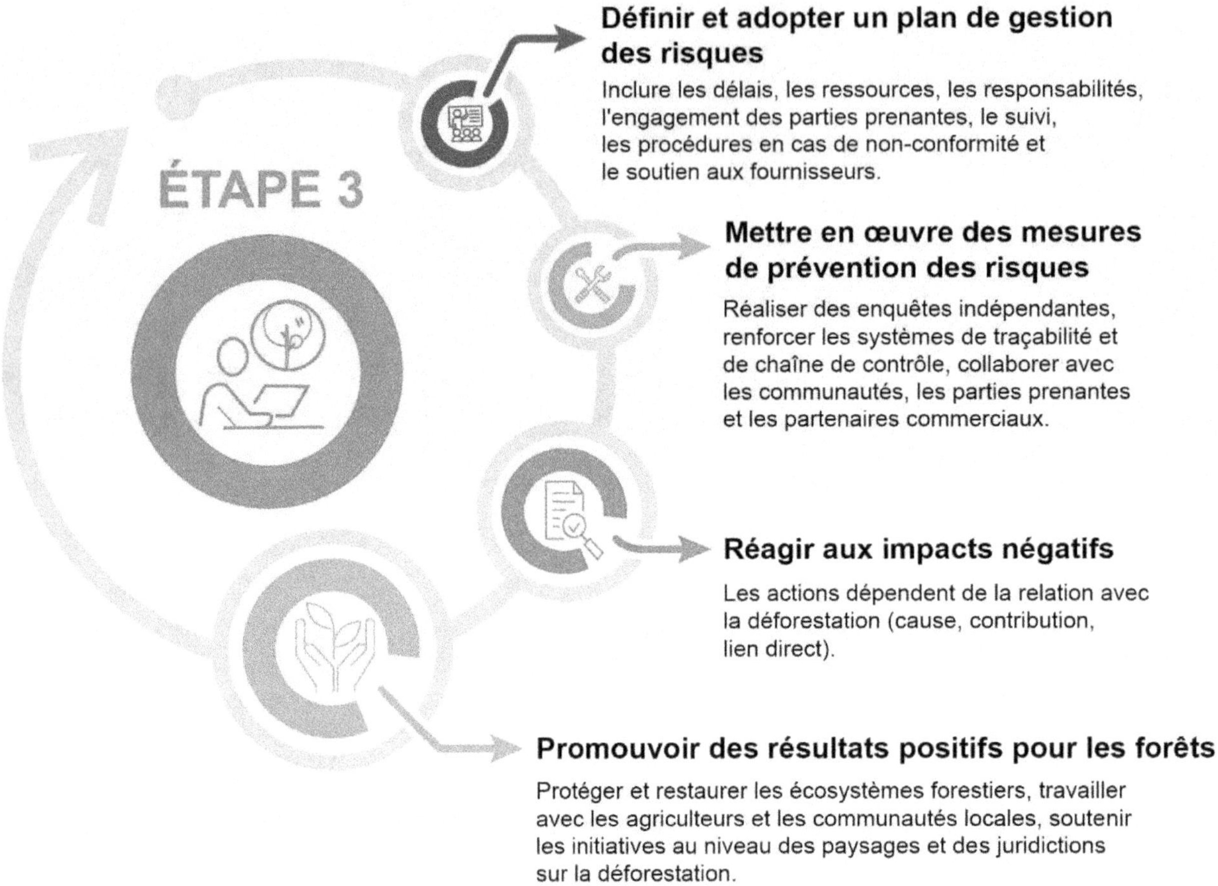

Questions stratégiques pour les entreprises

Concevoir la stratégie

- Avons-nous une stratégie comportant des mesures claires pour répondre aux risques de déforestation identifiés ? À quelle fréquence devons-nous la mettre à jour ?
- Quelles activités sommes-nous en mesure de mettre en place pour répondre aux risques et impacts liés à la déforestation, et de nouvelles obligations légales sont-elles prévues ?
- Comment avons-nous travaillé avec des parties prenantes externes pour élaborer notre stratégie ?
- Comment veillons-nous à ce que notre stratégie reste à jour et opérationnelle – par exemple, par un processus de révision annuel ou dans le cadre d'une collaboration avec des acteurs du secteur ?
- Dans quelle mesure travaillons-nous directement avec les producteurs ? De quel type d'assistance et de soutien ont-ils besoin, en particulier les petits exploitants indépendants ou sous contrat ?
- Savons-nous quand proposer des mesures correctives (cas de « cause ») ? Avons-nous réfléchi aux types de mesures correctives que nous pourrions proposer ?
- Quelles actions pouvons-nous entreprendre pour innover dans nos plans d'atténuation des risques ? Parmi les questions abordées, citons le rôle des technologies, la collaboration transsectorielle, l'engagement des pouvoirs publics à différentes étapes de la chaîne d'approvisionnement, la mobilisation des peuples autochtones et des communautés locales.

Mettre en œuvre la stratégie

- Qui, au sein de notre entreprise, est responsable et redevable pour la mise en œuvre de cette stratégie ? Avons-nous identifié, dans chaque service, les personnes chargées de faire leur part pour réduire le risque identifié ? Comment le Conseil d'administration est-il tenu informé des mesures prises ?
- Avons-nous une présence opérationnelle dans le pays ou la région concernée, ou devons-nous recourir à un tiers pour mener des activités en notre nom ? À quelle fréquence celui-ci devra-t-il rendre compte des progrès accomplis ?
- Quelles mesures pouvons-nous prendre pour renforcer notre influence dans la filière, afin de faire évoluer les pratiques commerciales des fournisseurs et de lutter contre les causes profondes de la déforestation (échangeons-nous avec les pouvoirs publics et les organisations dans les pays producteurs, y compris les points de contact nationaux de l'OCDE pour la conduite responsable des entreprises et points focaux nationaux de la FAO, par exemple) ?
- Dans quelle mesure avons-nous besoin de partenaires extérieurs pour créer un impact sur le terrain ?
- Comment mesurons-nous les progrès et les résultats de notre stratégie d'atténuation des risques, et comment sont-ils valorisés ou récompensés ?

Définir et adopter un plan de gestion des risques

Après avoir évalué les risques d'association des activités et filières de l'entreprise avec la déforestation, il convient de mettre fin aux impacts négatifs, de réduire les risques et de prévenir tout risque futur. L'ensemble des processus et des mesures correspondantes doit être défini dans un plan de gestion des risques ; d'autres plans pourront s'avérer nécessaires selon les marchandises ou zones d'approvisionnement concernées.

L'Encadré 4 présente des mesures de prévention des risques potentiels, qui aident à gérer le risque de déforestation dans le cadre des activités et filières de l'entreprise. Les sociétés sont invitées à se référer au Guide OCDE-FAO pour plus de détails.

Encadré 4. Mesures de prévention des risques

Les mesures de prévention des risques dont disposent les entreprises dépendront de leur position dans la chaîne d'approvisionnement et de leurs capacités ; certaines mesures s'appliquent principalement aux producteurs, d'autres aux entreprises qui s'approvisionnent directement auprès d'eux.

Voici quelques exemples de mesures visant à améliorer la transparence et le niveau d'informations disponibles :

- Exiger plus d'une source d'information sur les produits (voir Encadré 2 et Encadré 3)
- Réaliser des enquêtes ou des audits indépendants sur les zones sources ou les partenaires commerciaux
- Demander un audit indépendant du système de devoir de diligence de l'entreprise
- Auditer les systèmes de devoir de diligence des fournisseurs, en se concentrant sur les mécanismes d'identification et de gestion des risques de déforestation
- Renforcer les systèmes de traçabilité ou les chaînes de contrôle et collaborer avec les points de contrôle dans les filières clés
- Soutenir les membres de la communauté locale pour qu'ils puissent assumer un rôle de surveillants forestiers
- Recourir à des programmes de certification (en évaluant soigneusement leur prise en compte effective de la protection des forêts)
- Partager, lorsque c'est possible, des informations sur les risques et les stratégies d'atténuation avec d'autres entreprises dans le cadre d'associations professionnelles ou de plateformes public-privé ; cette option peut être particulièrement utile pour les PME
- Communiquer régulièrement avec les points de contact nationaux de l'OCDE pour la conduite responsable des entreprises

Les mesures visant à mobiliser les fournisseurs comprennent une meilleure sensibilisation, un appui ciblé et des mesures incitatives, en particulier pour les petits exploitants, en particulier ceux affectés par une date de référence en matière de déforestation fixée par l'entreprise ou imposée par la loi.

- Fournir un soutien financier, des contrats à plus long terme
- Adopter des pratiques d'achat responsable
- Offrir de meilleures conditions de paiement
- Faciliter l'accés aux spécialistes de la foresterie ou du devoir de diligence
- Organiser des sessions de formation et de renforcement des capacités. Dans certains cas, ce soutien peut être assuré plus efficacement par des ONG locales ou d'autres organisations.

Le plan de gestion des risques doit préciser :

- le calendrier à suivre pour développer chaque mesure et processus à adopter ;
- les ressources budgétaires (pour les déplacements, acquisition de données, systèmes de traçabilité, etc.) et humaines (spécialistes forestiers et juridiques, par exemple) à mobiliser ;
- les rôles et responsabilités au sein de l'entreprise pour la mise en œuvre des mesures de gestion (membres du Conseil d'administration pouvant intervenir sur les questions liées à la déforestation, équipes chargées d'approvisionnement, responsables régionaux opérant dans des zones faisant l'objet d'un signal d'alerte, par exemple.) ;
- les procédures de consultation des parties prenantes concernées – partenaires commerciaux, autorités publiques, communautés affectées et organisations de la société civile dans les pays d'origine – afin de clarifier les préoccupations, de convenir d'une stratégie d'atténuation des risques et d'identifier les opportunités pour alimenter les politiques et la stratégie de l'entreprise en matière de déforestation ;
- les systèmes de contrôle destinés à évaluer la mise en œuvre du plan et ses impacts (accès à des données ou à un suivi satellitaire public sur les forêts, indicateurs ou données à recueillir auprès des fournisseurs, par exemple) et les processus de déclaration aux membres de la direction désignés ;
- les procédures à suivre en cas de non-conformité des fournisseurs et les plans de suivi correspondants, portant, par exemple, sur la sensibilisation, la formation à la détection et l'élaboration de rapports sur la déforestation ;
- les procédures visant à soutenir les producteurs, notamment les petits exploitants, en tenant compte des questions de genre et d'inclusion sociale.

Réagir aux impacts négatifs, notamment en mettant en œuvre le plan de gestion des risques et en assurant le suivi de ses performances

La manière dont une entreprise répond aux impacts négatifs dépendra du degré auquel elle cause, contribue à ou est directement liée à ces impacts. Dans le cas particulier de la déforestation, cela implique ce qui suit :

Si l'entreprise est à l'origine de la déforestation, elle doit cesser l'activité en cause, empêcher tout impact négatif potentiel supplémentaire et prendre des mesures correctives pour les dommages qu'elle a causés. Cela peut impliquer la suspension temporaire des activités, le temps de mettre en place des mesures concrètes pour prévenir tout impact futur, ou la suspension permanente des activités lorsque les impacts ne peuvent pas être atténués.

Si les exercices d'évaluation et de cartographie concluent que l'entreprise a contribué à la déforestation, celle-ci doit cesser cette contribution, mettre en place des mesures correctives pour y remédier et utiliser son influence auprès de ses partenaires commerciaux afin d'atténuer tout impact négatif résiduel. Cela peut impliquer une suspension temporaire des activités. L'entreprise doit aussi adopter des mesures préventives pour garantir que ces impacts négatifs ne se reproduisent pas.

Si l'entreprise n'a pas contribué à la déforestation, mais qu'un impact observé est néanmoins directement relié à ses activités, produits ou services dans le cadre d'une relation commerciale, elle doit exercer son influence pour prévenir ou atténuer cet impact, par exemple en demandant de modifier le plan d'investissement pour garantir la protection des forêts et la promotion de pratiques de production durables. Cela peut conduire au retrait d'un partenariat commercial lorsque les tentatives d'atténuation des risques ont échoué, ou lorsque l'atténuation est jugée irréaliste ou inacceptable.

Lorsque cela est possible, il est préférable de maintenir la relation commerciale, à condition qu'une amélioration réelle ou qu'une perspective réaliste d'amélioration soit démontrée au fil du temps. Une telle approche sera souvent préférable à un retrait immédiat. L'entreprise doit également tenir compte des impacts sociaux, environnementaux et économiques qu'une décision de retrait pourrait entraîner. Lorsqu'elles se retirent, les entreprises doivent agir de manière responsable, notamment en consultant les parties prenantes concernées de manière opportune et significative et, lorsque cela est possible, en prenant des mesures raisonnables et appropriées pour prévenir ou atténuer les impacts négatifs liés à leur retrait.

Voici quelques exemples de facteurs déterminants pour choisir la réponse à adopter : la gravité de l'impact négatif, la capacité de l'entreprise à exercer une influence sur le partenaire commercial ou d'autres acteurs concernés (les autorités publiques, par exemple), et l'importance du partenaire commercial pour l'entreprise (s'il s'agit d'un acteur majeur, l'entreprise devra redoubler d'efforts pour faire évoluer son comportement ; dans les autres cas, un retrait peut être une option plus appropriée). Les entreprises disposent d'un large éventail de mesures pour atténuer les impacts négatifs de la déforestation, selon leur positionnement dans la filière. Chaque fois que possible, elles doivent chercher à générer des impacts positifs sur les forêts et sur les travailleurs et communautés qui en dépendent, ce que l'on appelle parfois des mesures « positives pour les forêts ».

Réagir aux impacts de la déforestation et promouvoir des résultats positifs pour les forêts

Mesures pour protéger et restaurer les forêts:

- Identifier les zones présentant un risque futur pour les forêts dans ou à proximité des chaînes d'approvisionnement de l'entreprise et inciter les fournisseurs à adopter des mesures préventives. Cela peut impliquer, par exemple, de mobiliser les agriculteurs pour comprendre les causes de la déforestation et identifier les mesures permettant de l'éviter.
- Investir dans des programmes qui soutiennent la conservation des forêts et des pratiques agricoles durables, telles que l'agroforesterie et les cultures intercalaires.
- Appuyer la restauration des écosystèmes forestiers dans les zones dégradées, ainsi que la remise en état et l'utilisation durable des jachères ou terres dégradées.
- Privilégier les achats auprès de fournisseurs qui mettent en œuvre des pratiques favorables aux forêts, notamment la conservation, la restauration et la promotion de moyens de subsistance durables.
- Récompenser ces fournisseurs en payant un prix plus élevé, en augmentant les volumes d'achat ou en concluant des contrats à plus long terme.

La collaboration avec les agriculteurs, les coopératives agricoles et les communautés locales, qui sont au cœur de la conservation et de la restauration des forêts, pourrait impliquer de :

- Prendre et communiquer des engagements explicites en faveur du respect des droits des peuples autochtones et des communautés locales (voir annexe B du Guide OCDE-FAO: Orientations concernant l'engagement des peuples autochtones (OCDE/FAO, 2016[1])).
- Recueillir des informations sur les régimes fonciers (droits statutaires et coutumiers) dans le cadre des activités et chaînes d'approvisionnement de l'entreprise et de ses fournisseurs, et mettre en place des mesures visant à garantir ces droits ne sont pas affectés par les activités de l'entreprise.

- Soutenir l'innovation et le renforcement des capacités pour améliorer la productivité agricole et diversifier les systèmes de production – notamment l'agroforesterie et les systèmes de gestion des exploitations – afin de contribuer à réduire la pauvreté et répondre aux besoins en sécurité alimentaire, sans expansion agricole dans les forêts.
- Apporter un appui aux agriculteurs, en particulier aux petits exploitants, pour adopter des innovations agricoles et des techniques et technologies durables et favorables aux forêts, afin d'améliorer les revenus, de renforcer la productivité et la résilience des exploitations et de conserver les forêts.
- Rémunérer les agriculteurs et les organisations agricoles (telles que les coopératives et les organisations de productrices) à des prix justes, afin de contribuer à des revenus décents, éventuellement liés aux résultats obtenus en matière de réduction de la déforestation et de la dégradation des forêts, à l'adoption de pratiques de production durables et à la participation aux efforts de restauration des écosystèmes forestiers.
- Appuyer les initiatives visant à améliorer les moyens de subsistance des petits exploitants qui contribuent à la préservation des forêts, ainsi qu'à renforcer la résilience et l'intégration des agriculteurs, par l'intermédiaire notamment grâce à des contrats à long terme, à des pratiques d'achat responsable, au renforcement des structures organisationnelles telles que les coopératives, à la mise en place de systèmes de traçabilité et à une assistance financière.
- Encourager et soutenir les initiatives locales en mobilisant les agriculteurs, les communautés locales, les peuples autochtones, les femmes et d'autres groupes marginalisés, l'industrie et les autorités locales, afin de développer et mettre en œuvre des solutions adaptées au contexte local.
- Collaborer avec les autorités locales pour créer des conditions-cadres propices à une production sans déforestation, par exemple en clarifiant et en reconnaissant les droits fonciers, et en assurant un appui ciblé par les services de vulgarisation agricole.
- Créer ou soutenir des systèmes de rémunération des services écosystémiques.

Le soutien aux initiatives menées au niveau des paysages et des juridictions, visant à s'attaquer aux causes profondes de la déforestation dans certaines régions pourrait impliquer de :

- Contribuer à l'élaboration de stratégies favorables pour les forêts à l'échelle d'un paysage ou d'une juridiction, par exemple en améliorant l'aménagement du territoire, en identifiant les zones interdites, en renforçant le suivi des forêts par les autorités publiques ou les communautés locales, et en aidant les entreprises à éviter la déforestation et à gérer les zones de conservation.
- Aider à promouvoir la collaboration au sein du secteur privé dans le paysage ou la juridiction concernée, ainsi qu'avec les autorités publiques, les communautés, les peuples autochtones et les sources de soutien financier et d'investissement.
- Soutenir les observateurs forestiers locaux et les défenseurs de l'environnement.
- Appuyer les initiatives et les acteurs engagés dans l'amélioration de l'application des lois.
- Soutenir et militer en faveur d'améliorations dans l'environnement propice général, notamment en renforçant les systèmes de transparence, de traçabilité et de surveillance des filières ; en améliorant la gouvernance et l'application de la loi, en particulier en matière de droits humains et fonciers ; et en élargissant l'accès à l'assistance agricole, aux infrastructures et aux services publics, avec un appui approprié des bailleurs de fonds et des autorités publiques nationales et locales.
- Contribuer au développement de mécanismes de financement durables pour les initiatives de conservation et de restauration, qui génèrent également des bénéfices sociaux et

environnementaux tels qu'une biodiversité renforcée, des moyens d'existence plus résilients et le respect des droits humains.

La promotion et l'appui aux initiatives internationales visant à réduire la déforestation et à développer les actions positives pour les forêts pourraient impliquer de :

- Encourager et soutenir la mise en place de tables rondes sur les produits de base, de programmes de certification et d'autres initiatives multipartites.
- Prendre part à des initiatives, à des associations professionnelles et à des coalitions pertinentes dans le secteur.
- Appuyer le développement de sources de données fiables et accessibles sur les taux de déforestation et sur leurs moteurs, ainsi que la mise à disposition d'exemples de bonnes pratiques favorables aux forêts.
- Contribuer à la diffusion d'informations et de connaissances sur les initiatives, les réglementations et les mécanismes internationaux, notamment ceux liés au cadre REDD+.

Suggestions pour les PME

Pour toutes les PME :

- Désigner une personne au sein de l'entreprise chargée de piloter la démarche et d'identifier les autres personnes qui devront participer à la conception et à la mise en œuvre de la stratégie ; veiller à ce qu'elle dispose des ressources, des connaissances et du soutien nécessaires.
- Tirer parti des initiatives sectorielles et des réseaux professionnels pour observer comment vos pairs et d'autres entreprises affrontent les mêmes défis, et pour identifier des approches utiles susceptibles d'inspirer les vôtres.
- Intégrer les objectifs et cibles liés à la déforestation dans l'évaluation des performances et les mesures d'incitation du personnel, afin de favoriser le changement.
- Veiller à ce que les risques identifiés soient pris en compte dans les conditions de vente, les pratiques d'approvisionnement et de passation de marchés, ainsi que dans les clauses contractuelles.
- Identifier les ressources nécessaires pour mettre en œuvre les activités prévues dans votre plan de gestion des risques.
- Partager votre plan d'action avec l'ensemble de vos fournisseurs et leur demander de le transmettre, à leur tour, aux acteurs de la chaîne d'approvisionnement avec lesquels vous n'êtes pas en contact direct.
- Expliquer aux fournisseurs qui pourraient être identifiés dans le cadre de vos efforts de hiérarchisation que vous devrez renforcer la collaboration afin de réduire le risque de déforestation.

En outre, les PME en amont peuvent :

- Envisager d'intégrer dans leur stratégie des mesures visant à renforcer la coopération avec les producteurs, les petits exploitants, les peuples autochtones, les communautés locales ou d'autres parties prenantes de la filière, et communiquer cette stratégie en aval.
- Inclure dans leur propre stratégie les demandes en matière de devoir de diligence formulées par leurs clients, afin de mieux y répondre.

Étape 4 : Vérifier la mise en œuvre du devoir de diligence en matière de déforestation

L'étape 4 du Guide OCDE-FAO consiste à mettre en place des systèmes permettant de suivre et surveiller les actions relatives au devoir de diligence, afin d'en garantir l'efficacité.

Questions stratégiques pour les entreprises

- Réalisons-nous des évaluations du devoir de diligence aux points clés de la filière (points de contrôle ou goulots d'étranglement) ?
- Nos évaluations du devoir de diligence sont-elles effectuées en interne, par des évaluateurs tiers externes, ou selon une approche mixte ? Avons-nous sollicité des audits externes pour combler d'éventuelles lacunes, afin de garantir que l'évaluation soit complète et prenne en compte les diverses formes que peut prendre la déforestation (par la sous-traitance à différents fournisseurs, par exemple) ? Si oui, avons-nous vérifié l'indépendance et la qualité de ces audits et des informations produites, et les avons-nous complétés par nos propres activités de suivi et de vérification fondées sur les risques ?
- Quel rôle la technologie peut-elle jouer dans l'évaluation de nos mesures de devoir de diligence en matière de déforestation ?
- Existe-t-il des possibilités de partenariat pour partager des données et réduire les coûts ?
- Comment avons-nous répondu aux plaintes de tiers relatives aux risques de déforestation ?
- Si nous faisons appel à des programmes tiers de certification de produits ou de matières premières, savons-nous s'ils sont alignés sur le Guide OCDE-FAO et sur le cadre du devoir de diligence fondé sur les risques ? Dans le cas contraire, quelles mesures pouvons-nous prendre pour renforcer cette conformité ?
- Comment surveillons-nous les fournisseurs avec lesquels nous n'avons pas de lien contractuel, afin d'encourager le changement ?

Suivre la mise en œuvre et l'efficacité des activités de devoir de diligence

Les entreprises doivent prendre des mesures pour vérifier l'efficacité de leurs pratiques en matière de devoir de diligence, c'est-à-dire s'assurer que les risques ont été correctement identifiés et évités, et que les impacts négatifs ont été atténués. Cela suppose de *surveiller* les impacts afin d'évaluer et de consigner dans quelle mesure les actions, les progrès, les performances et la conformité sont mis en œuvre ou atteints ; et de *vérifier* la conformité, les performances ou les mesures par rapport à un engagement, une norme ou un objectif déclaré.

Ce processus doit être proportionné au niveau de risque et tenir compte des capacités des différentes entreprises, car il peut entraîner des coûts importants. Le cas échéant, il doit déboucher sur des recommandations visant à améliorer les pratiques liées au devoir de diligence.

Le *suivi* de l'efficacité du processus de l'entreprise en matière de devoir de diligence peut s'appuyer sur les catégories d'informations présentées au chapitre 5 concernant les types et sources potentielles d'information sur les produits et denrées, ainsi que sur les sources d'information relatives à la déforestation. Ce suivi doit notamment prendre en compte les éléments suivants :

- Les niveaux de déforestation et les niveaux de risque dans les zones où l'entreprise s'approvisionne évoluent dans le temps et doivent faire l'objet d'un suivi continu. Les éléments décrits dans l'Encadré 2 (types et sources potentielles d'information sur les produits et denrées) aideront à fournir des informations sur les produits et denrées dans les activités et filières de l'entreprise.

- Les sources indiquées dans l'Encadré 3 peuvent aider à identifier la déforestation dans la zone d'approvisionnement pendant la période considérée : tout changement du couvert arboré constitue une alerte pour laquelle il convient d'évaluer le niveau de responsabilité de l'entreprise.

La *vérification* des effets du processus de devoir de diligence de l'entreprise repose sur l'examen des documents et des mécanismes de contrôle interne, la vérification par données satellitaires, les audits tiers[5], les enquêtes de terrain et les consultations avec les communautés locales, la société civile et les autorités publiques. La fréquence et l'intensité de ces efforts de vérification doivent elles-mêmes être fondées sur le risque, conformément à l'étape 2 du Guide OCDE-FAO (identification des risques).

Les résultats du suivi et de la vérification doivent être réintégrés de manière systématique dans la conception et la mise en œuvre du système de diligence, celui-ci étant un processus dynamique. Lorsque les risques ont été atténués ou évités, l'entreprise doit poursuivre l'exercice du devoir de diligence afin d'éviter la réapparition de risques ou l'émergence de nouveaux risques.

L'entreprise doit également vérifier ses propres mécanismes de contrôle interne et s'assurer qu'ils soient robustes et fonctionnent comme prévu. La consultation et la mobilisation de parties prenantes externes, telles que les peuples autochtones, les communautés locales, la société civile et les organisations internationales, peuvent aider à identifier les problèmes et sont essentielles pour garantir une vérification impartiale et efficace des processus du devoir de diligence.

Suggestions pour les PME

Pour toutes les PME :

- Identifier les ONG, les communautés locales ou les organisations internationales ayant des connaissances sur les communautés agricoles qui fournissent les matières premières dans vos principaux secteurs d'approvisionnement ; entretenir un dialogue régulier pour trianguler avec elles les informations reçues des fournisseurs.
- Déterminer, auprès des clients ou sur la base des réglementations en vigueur, le type et la fréquence des données requises. Rechercher des solutions permettant de mutualiser les données entre clients ou de recourir à des technologies améliorant l'efficacité et réduisant les coûts.
- Consulter les plateformes disponibles susceptibles d'aider à identifier les alertes déforestation dans vos zones d'approvisionnement.
- Envisager de travailler avec des partenaires et des fournisseurs pour mettre en place des mécanismes conjoints de plainte ou de signalement. Les points de contact nationaux de l'OCDE pour la conduite responsable des entreprises peuvent aussi être une ressource à cet égard.
- Envisager l'utilisation d'outils et d'indicateurs issus d'initiatives sectorielles, de systèmes de certification ou de plateformes dédiées à la lutte contre la déforestation, auxquels votre entreprise pourrait être affiliée, pour soutenir votre processus de vérification du devoir de diligence.
- Collaborer avec des entreprises pairs et des groupes sectoriels pour renforcer votre influence lorsque les risques de déforestation persistent dans vos filières.
- Collaborer avec d'autres fournisseurs, associations professionnelles et ONG, si votre influence individuelle sur un partenaire commercial ne permet pas d'engager les changements nécessaires.

En outre, les PME en amont peuvent :

- Veiller à ce que les clients comprennent clairement la manière dont l'entreprise vérifie et collecte les informations, y compris le type de données recueillies, la fréquence de leur collecte et les partenaires impliqués dans l'obtention de ces données.
- Faire preuve de transparence quant à la communication des informations dont l'entreprise ne dispose pas et aux raisons pour lesquelles ces données ne sont pas disponibles.
- Dialoguer en amont avec les acheteurs sur la façon dont ils peuvent soutenir leurs activités de collecte de données et mobiliser leur influence et leurs capacités, qui peuvent parfois être supérieures à celles de l'entreprise.
- Identifier et appuyer les systèmes de suivi des forêts dans les zones d'approvisionnement, qu'ils soient fondés sur des mécanismes de surveillance communautaire ou des analyses de télédétection.

Étape 5 : Rendre compte de l'exercice du devoir de diligence

L'étape 5 du Guide OCDE-FAO consiste à rendre compte publiquement des efforts déployés par l'entreprise pour mettre en œuvre son devoir de diligence.

Questions stratégiques pour les entreprises

- Communiquons-nous sur les risques de déforestation identifiés dans notre chaîne d'approvisionnement et sur les mesures d'atténuation spécifiques mises en place ?
- Faisons-nous un bilan annuel sur nos engagements en matière de lutte contre la déforestation et sur nos progrès (ou l'absence de progrès) à cet égard ?
- Devons-nous publier nos informations sous la forme d'un rapport unique, de plusieurs rapports distincts liés à nos engagements ou à nos matières premières, ou encore sous la forme d'un chapitre dans notre rapport de développement durable ?
- Avons-nous intégré les recommandations du Guide OCDE-FAO concernant la communication des informations ?
- Partageons-nous ces rapports avec des parties prenantes externes, et sollicitons-nous des retours honnêtes sur les éléments qui fonctionnent bien et ceux qui nécessitent des améliorations ?
- Comment nos rapports sur le devoir de diligence contribuent-ils à l'amélioration de notre apprentissage général et du devoir de diligence pour lutter contre la déforestation ?
- Divulguons-nous publiquement nos efforts concernant l'ensemble des étapes de notre processus de devoir de diligence, y compris notre coopération avec les fournisseurs pour atténuer les risques de déforestation ?

Élaboration de rapports publics

Il est important que les entreprises exposées à des risques réels ou potentiels de déforestation publient régulièrement des rapports publics sur leurs politiques et leurs pratiques en matière de devoir de diligence lié à la forêt (le cas échéant, dans le cadre d'un dispositif plus large comprenant des engagements visant à mettre fin à la déforestation et à la conversion des terres), en tenant dûment compte de la confidentialité commerciale et d'autres considérations liées à la concurrence. Cela peut inclure des informations qualitatives sur la conception du système, ainsi que des données quantitatives sur les performances. Ce type de communication peut fournir aux parties prenantes, partenaires commerciaux et investisseurs affectés des informations claires, précises et actualisées sur les effets négatifs réels et potentiels identifiés dans le cadre des évaluations d'impact continues, ainsi que sur les étapes et mesures prises pour les atténuer et les prévenir.

Voici quelques exemples d'informations pouvant figurer dans ces rapports :

- les engagements de l'entreprise en matière de la lutte contre la déforestation et la dégradation des forêts, y compris les objectifs (déforestation zéro ou réduction du risque d'un pourcentage défini, etc.), la définition interne des concepts de forêt, déforestation et dégradation, les dates de référence, le champ d'application en termes de produits et de zones géographiques, etc.
- le pourcentage du volume de production (provenant à la fois des terres gérées par l'entreprise et des achats) considéré comme exempt de déforestation, ou le pourcentage pour lequel cette information n'est pas disponible.
- les synthèses de données et d'informations collectées, présentant le degré d'exposition de l'entreprise aux risques, les progrès réalisés pour chaque objectif et engagement (de préférence sous forme de série temporelle permettant de visualiser les évolutions annuelles) et tout impact négatif causé ou auquel l'entreprise a contribué.

- les systèmes de gestion de l'entreprise, y compris sa politique de devoir de diligence, précisant la structure de gestion responsable pour le devoir de diligence de l'entreprise et les personnes directement responsables au sein de l'entreprise.
- les systèmes d'analyse, d'atténuation et de gestion des risques, y compris la manière dont ils fonctionnent, les contrôles associés et les dispositifs tels que la certification, la traçabilité ou la chaîne de contrôle.
- la façon dont les informations collectées ont été utilisées pour renforcer l'approvisionnement et la gestion responsables, atténuer les risques, remédier aux impacts négatifs et respecter les engagements pris par l'entreprise.
- la coopération avec les parties prenantes et les modalités de diffusion de l'information auprès des clients et fournisseurs, en amont comme en aval, notamment dans le cadre de l'identification ou de la gestion des facteurs de déforestation.
- les informations relatives au respect des exigences législatives nationales et normes internationales en matière de devoir de diligence et de lutte contre la déforestation.

L'élaboration de rapports sur les systèmes de devoir de diligence et sur la performance de l'entreprise peut avoir lieu dans différents contextes et sous différentes formes : rapport annuel, rapport de durabilité, ou rapport spécifique sur les impacts de l'entreprise sur les forêts. Les rapports peuvent être rendus publics sur le site Internet de l'entreprise, via les réseaux sociaux ou lors de réunions avec les parties prenantes, y compris les partenaires de la chaîne d'approvisionnement. La communication doit être adaptée aux impacts et au public visés, notamment en ce qui concerne la forme (y compris la traduction dans les langues appropriées), la fréquence, l'accessibilité et la pertinence des informations. Les données collectées peuvent également être communiquées dans le cadre d'initiatives de divulgation, tels que le système de divulgation de CDP Forests, les normes de signalement de la Global Reporting Initiative (GRI), le site Internet supply-change.org ou encore par le biais d'associations et groupes professionnels nationaux ou internationaux.

Les rapports doivent utiliser des mesures claires, cohérentes et constantes afin de faciliter le suivi et l'analyse, notamment au niveau de la filière ou du pays. Les entreprises doivent rendre compte des résultats obtenus à chacune des étapes du devoir de diligence, conformément au Guide OCDE-FAO ; cela pourrait également contribuer au respect des cadres de déclaration telles que les normes de la GRI. S'agissant par exemple de l'étape 1, les entreprises pourraient décrire leurs engagements politiques en matière de conduite responsable, fournir des liens vers ces engagements (lorsqu'ils sont publiquement disponibles, ou en expliquer l'indisponibilité le cas échéant), indiquer le niveau d'approbation interne de chacun de ces engagements politiques, notamment s'ils ont été validés au plus haut niveau de l'organisation, préciser la portée de ces engagements, en indiquant dans quelle mesure ils s'appliquent aux activités de l'entreprise et à ses relations commerciales, et décrire les modalités de communication de ces engagements à l'intention du personnel, des partenaires commerciaux et des autres parties concernées. De plus, les entreprises doivent expliquer comment elles intègrent chacun de leurs engagements politiques en matière de conduite responsable dans l'ensemble de leurs activités et relations commerciales.

Suggestions pour les PME

Pour toutes les PME :

- Déterminer comment et quand communiquer avec les clients et partenaires commerciaux de manière rentable ; cette communication peut se faire par courriel et être appuyée par les réseaux sociaux.
- Inclure les informations pertinentes sur les risques de déforestation identifiés et leurs efforts d'atténuation dans les rapports annuels, le cas échéant.
- Si l'entreprise participe à des systèmes de certification infranationaux, nationaux ou internationaux, ou à des initiatives de protection des forêts, communiquer sur les efforts déployés pour atténuer les risques de déforestation, conformément au Guide OCDE-FAO et au présent Manuel.

En outre, les PME en amont peuvent :

- Envisager de publier des mises à jour régulières et plus concises, affichées dans leurs locaux, sur leur site Internet ou via les médias sociaux.

Remédier aux impacts négatifs

Ce chapitre du Manuel traite des mesures qu'une entreprise peut prendre lorsqu'elle n'a pas réussi à prévenir ou atténuer la déforestation, y compris les actions de remédiation.

Si la prévention de la déforestation doit être prioritaire, il peut néanmoins arriver qu'une entreprise constate – à travers l'exercice de son devoir de diligence ou par d'autres moyens – que la déforestation a eu lieu et qu'elle n'a pas réussi à l'empêcher ou à en atténuer pleinement les effets. Dans ce cas, l'entreprise doit analyser les causes de cet échec et prendre des mesures correctives en lien avec tout impact négatif qui en aurait résulté.

L'entreprise doit déterminer pourquoi ses procédures de devoir de diligence n'ont pas permis de prévenir ou d'atténuer les répercussions négatives, et prendre les mesures correctives nécessaires pour éviter que la situation ne se reproduise. La mobilisation des parties prenantes locales, y compris les communautés locales et les peuples autochtones, la société civile et les autorités publiques, sera essentielle pour mettre en place des mécanismes appropriés.

Lorsqu'une entreprise détermine qu'elle a causé ou contribué à des effets négatifs réels, plusieurs mesures peuvent être envisages:

- Lorsque cela est possible, l'entreprise doit chercher à restaurer la situation dans laquelle *la ou les personne(s) affectée(s)* se serai(en)t trouvée(s) si l'impact négatif n'avait pas eu lieu, par exemple, en restituant les terres aux peuples autochtones ou aux communautés locales qui en ont été dépossédés.
- Lorsque cela est possible, l'entreprise doit tenter de remettre l'*environnement affecté* dans l'état où il se serait trouvé en l'absence de l'impact négatif, par exemple en restaurant les forêts dégradées ou les terres déforestées, et en garantissant un soutien durable à la zone restaurée.
- Lorsque cela n'est pas possible (ce qui est fréquent en cas de déforestation), l'entreprise peut : 1) verser une compensation appropriée, définie en accord avec les communautés concernées (celle-ci n'étant pas nécessairement monétaire ; certaines communautés peuvent privilégier, par exemple, un appui à l'éducation ou aux services de santé) ; ou 2) fournir une compensation adaptée pour les impacts environnementaux, notamment les émissions de gaz à effet de serre et la perte de biodiversité.
- Le cas échéant, l'entreprise peut établir, ou coopérer avec, des mécanismes de réparation légitimes permettant aux parties prenantes et aux titulaires de droits concernés de déposer une plainte et de demander réparation auprès de l'entreprise (voir également la section relative aux mécanismes de réclamation dans l'étape 1 du Guide OCDE-FAO).

Glossaire

Les définitions marquées d'un astérisque (*) correspondent aux définitions standards établies par la FAO (FAO, 2020[21]); les autres termes ne font pas l'objet d'un accord international. Bien qu'elles figurent également dans de nombreux cadres et législations internationaux et nationaux, il convient de rappeler que certaines définitions – notamment celles de "forêt" – varient selon les législations nationales et les normes volontaires. Les entreprises peuvent adopter différentes définitions, mais doivent veiller à ce qu'elles soient clairement énoncées dans leur stratégie sur la déforestation.

Approche High Carbon Stock : Méthodologie permettant de distinguer les zones forestières devant être protégées – notamment celles importantes pour les communautés locales ou présentant des stocks élevés de carbone ou une forte valeur pour la biodiversité – des terres dégradées susceptibles d'être mises en valeur, au moyen d'une approche intégrée de planification de l'utilisation des terres.

Approches paysagère et juridictionnelle : Selon l'UICN, l'approche paysagère consiste à évaluer de manière intégrée les intérêts des différents acteurs d'un paysage et à les mettre en cohérence grâce au dialogue. L'approche paysagère vise une gestion durable du paysage, tout en tenant compte du contexte socioéconomique global d'une zone (UICN, 2023[22]).

Boisement : Établissement d'une forêt par plantation et/ou semis délibéré sur des terres qui, jusque-là, étaient affectées à des utilisations différentes ; implique une conversion de la terre de non-forêt à forêt.

Conversion: Transformation d'une forêt ou d'un autre écosystème naturel à la suite de son remplacement par un autre usage des terres, ou bien en raison d'un changement profond de la composition des espèces, de la structure ou de la fonction d'un écosystème naturel.

Date de référence : Date fixée dans une loi ou une norme à partir de laquelle toute déforestation sur les parcelles ou les propriétés d'origine n'est plus autorisée si les denrées ou produits doivent être considérés comme conformes à ladite législation, norme ou politique.

Déforestation*: Conversion de la forêt à d'autres usages des terres, indépendamment du fait que cette conversion soit d'origine anthropique ou pas.

Dégradation des forêts : Il n'existe aucune définition de la FAO ni autre définition standard pour la dégradation des forêts. La FAO encourage les pays à la définir par eux-mêmes. Le Cadre de responsabilisation, applicable aux forêts comme à d'autres écosystèmes naturels, propose la définition suivante: « Les changements s'opérant au sein d'un écosystème naturel qui affectent considérablement et négativement la composition de ses espèces, sa structure, et/ou ses fonctions, et réduisent sa capacité à fournir des produits, soutenir la biodiversité et/ou fournir des services écosystémiques. » (Accountability Framework Initiative, 2020[4]).

Écosystème naturel : Écosystème qui ressemble beaucoup, en termes de composition des espèces, de structure et de fonction écologique, à un écosystème qui existe – ou qui pourrait exister – dans une zone donnée en l'absence d'impacts humains majeurs. Cette définition englobe les écosystèmes gérés par l'homme où lorsque leurs caractéristiques écologiques naturelles (composition des espèces, structure et fonctions) sont maintenues.

Forêt*: Terres occupant une superficie de plus de 0.5 hectare avec des arbres atteignant une hauteur supérieure à 5 mètres et un couvert forestier de plus de 10 pour cent, ou avec des arbres capables d'atteindre ces seuils *in situ*. Sont exclues les terres à vocation agricole ou urbaine prédominante.

Haute valeur de conservation : Valeur biologique, écologique, sociale ou culturelle d'une importance exceptionnelle ou cruciale.

Non-déforestation / sans déforestation : Il n'existe pas de définition standard pour ce terme, mais il est généralement compris comme désignant des denrées, produits ou filières qui n'entraînent pas – et ne contribuent pas – à la déforestation ou la dégradation des forêts dans leur pays d'origine.

Points de contrôle ou goulots d'étranglement : Entreprises qui disposent d'une visibilité et/ou d'un pouvoir d'influence plus importants sur leurs propres fournisseurs et sur les relations commerciales en amont de la filière, que les entreprises situées plus près des consommateurs ou des utilisateurs finaux. Ces entreprises peuvent présenter les caractéristiques suivantes :

- Point de transformation. Elles sont situées à des étapes clés de transformation de la filière, où les informations de traçabilité ou de chaîne de contrôle peuvent être consolidées ou perdues.
- Faible nombre. Il existe relativement peu d'entreprises à ce stade précis de la filière qui transforment ou gèrent la majorité des intrants qui circulent ensuite en amont ou en aval de la chaîne.
- Fort pouvoir d'influence. Elles constituent le point où l'effet de levier sur les fournisseurs et les acteurs situés plus en amont de la chaîne d'approvisionnement est le plus élevé.
- Les audits ont lieu ici. Points où des programmes et des plans d'audit existent déjà, permettant d'utiliser ces systèmes et d'éviter les doublons.

Positif pour les forêts : Il n'existe pas de définition unique pour ce terme, mais il est généralement compris comme une approche allant au-delà de la simple gestion des risques de déforestation dans la chaîne d'approvisionnement d'une entreprise, afin de générer des impacts positifs pour les forêts, la main-d'œuvre et les communautés qui en dépendent.

Peuples autochtones*: Les personnes considérées comme indigènes en raison de leurs origines les rattachant aux populations ayant habité le pays, ou une région géographique à laquelle appartient le pays, à l'époque de la conquête ou colonisation, ou de l'établissement des frontières nationales actuelles et qui, indépendamment de leur statut juridique, conservent une partie ou toutes leurs propres institutions sociales, économiques, culturelles et politiques.

Zero déforestation: Production, approvisionnement ou investissements financiers relatifs à une denrée qui ne causent ni ne contribuent à la déforestation. Cette définition se réfère à la déforestation brute, c'est-à-dire à toute conversion de forêts vers d'autres usages des terres, indépendamment de toute compensation par des gains de couvert forestier ailleurs.

Annexe A. Resources

Sources de données sur les forêts et la déforestation

Il existe de nombreux jeux de données, outils de traitement et plateformes permettant d'obtenir des informations sur la superficie forestière, les types de forêts, la déforestation et la reforestation. Les jeux de données renvoient soit à des données primaires, soit à des données traitées et utilisées pour produire des informations. Tous les jeux de données mentionnés ici sont téléchargeables (sur un site Internet, par exemple) ou consultables gratuitement (via un portail de données en ligne, par exemple) gratuitement. Une fois téléchargés, ils peuvent être utilisés pour des analyses plus avancées à l'aide de logiciels de traitement des données géospatiales.

Les outils de traitement sont des algorithmes ou logiciels qui peuvent être utilisés pour ajouter de la valeur aux données ou informations afin de produire des analyses ou produits d'un niveau supérieur. La plupart sont en accès libre, mais certains nécessitent une licence spécifique pour une utilisation commerciale. Les plateformes de traitement regroupent des outils, en ligne ou installés localement, qui permettent d'accéder aux données et de les traiter de bout en bout. Certaines sont gratuites, tandis que d'autres exigent une licence pour les usages commerciaux. Ensemble, ces ressources peuvent être particulièrement utiles pour suivre les impacts de la filière, tant à l'échelle locale que mondiale.

Lors de la recherche et de l'utilisation de données forestières, il est important de garder à l'esprit certains points clés. Le couvert arboré et la forêt sont deux notions distinctes. Le couvert arboré décrit une caractéristique biophysique de la superficie terrestre (par exemple, la présence d'arbres). La forêt, quant à elle, correspond à une utilisation des terres, qui peut ou non présenter un couvert arboré en fonction des pratiques de gestion (par exemple, élimination temporaire d'arbres dans le cadre de cycles sylvicoles ou suite à un incendie). La déforestation désigne donc la perte de couvert arboré et un changement concomitant d'utilisation des terres, qui passent de forestières à non-forestières. La dégradation des forêts, quant à elle, correspond à la perte de couvert arboré sans changement d'affectation des terres.

Une bonne compréhension de ces termes permettra de sélectionner et de hiérarchiser les jeux de données en fonction des informations recherchées.

Lorsqu'elle recherche des informations sur la déforestation dans un pays donné, une entreprise peut souhaiter contacter les points focaux nationaux REDD+ ou des systèmes nationaux de suivi des forêts pour obtenir des données disponibles mises à disposition du public.

Les tableaux suivants ne sont pas exhaustifs ; ils visent uniquement à fournir un aperçu fiable des outils et plateformes disponibles pour accéder aux informations relatives aux changements forestiers à partir de juin 2022. La plupart de ces informations sont résumées et actualisées régulièrement dans plusieurs listes, notamment REDD Compass (https://www.reddcompass.org/) et Open MRV (https://openmrv.org). Le public est encouragé à consulter ces sites pour mieux comprendre les données et les outils disponibles.

Tableau A A.1. Jeux de données primaires

Jeux de données primaires	Type d'informations	Résolution spatiale	Open source (accès libre et gratuit)	Producteur	Facilité d'utilisation	Actualisation	Premières données disponibles	Portée géographique	URL
Mission MODIS	Imagerie optique	250-1 000 m	Oui	NASA	Modérée	Quotidienne	2000	Monde	https://modis.gsfc.nasa.gov/
Mission Landsat	Imagerie optique	30 m	Oui	NASA	Modérée	16 jours	1972	Monde	https://landsat.gsfc.nasa.gov/
Mission Copernicus	Imagerie optique et radar	10-20 m	Oui	ASE	Modérée	5 jours	2015	Monde	https://www.esa.int/Applications/Observing_the_Earth/Copernicus
Planet NICFI	Imagerie optique	3-5 m	Mis à disposition dans le cadre du programme NICFI jusqu'à au moins 2024	Planet	Modérée	Quotidienne	2015	Tropiques	https://www.planet.com/nicfi/

Tableau A A.2. Jeux de données traitées

Jeux de données traitées	Type d'informations	Résolution spatiale	Open source (accès libre et gratuit)	Producteur	Facilité d'utilisation	Actualisation	Premières données disponibles	Portée géographique	URL
UMD GLAD	Imagerie, couvert arboré, changements, alertes,	30 m	Oui	Université du Maryland, États-Unis d'Amérique	Facile	Mensuelle	2000	Monde	https://glad.umd.edu/ https://lpdaac.usgs.gov/products/gfcc30fccv001/ https://glad.umd.edu/dataset/gedi https://firms.modaps.eosdis.nasa.gov/map/

Jeux de données traitées	Type d'informations	Résolution spatiale	Open source (accès libre et gratuit)	Producteur	Facilité d'utilisation	Actualisation	Premières données disponibles	Portée géographique	URL
	incendies								
JRC TMF	Changements du couvert forestier, y compris dégradations	10-30 m	Oui	Centre commun de recherche, UE	Facile	Annuelle	1992	Tropiques	https://forobs.jrc.ec.europa.eu/TMF/explorer.php
Alertes GLAD (L&S)	Alertes	30 m	Oui	Université du Maryland, États-Unis d'Amérique	Modérée	Mensuelle	2017	Monde (L), Amérique latine (S)	https://glad.umd.edu/dataset/glad-forest-alerts
Alertes RADD (S)	Alertes	20 m	Oui	Université de Wagueningue, Pays-Bas	Modérée	Mensuelle	2020	Forêts tropicales humides primaires	http://radd-alert.wur.nl
Dynamic World	Couverture terrestre et utilisation de la terre	20 m	Oui	Google, World Resources Institute	Modérée	Quotidienne	2015	Monde	https://developers.google.com/earth-engine/datasets/catalog/GOOGLE_DYNAMICWORLD_V1
ESA CCI	Couverture terrestre et utilisation de la terre	300 m	Oui	ASE	Modérée	Annuelle	1992	Monde	http://maps.elie.ucl.ac.be/CCI/viewer/index.php
ESA Worldcover	Couverture terrestre et utilisation de la terre	10 m	Oui	ASE	Facile	Annuelle	2020	Monde	https://worldcover2020.esa.int/viewer
JAXA Forest / Non-forest	Couvert arboré	25-1 000 m	Oui	JAXA	Facile	Annuelle	2007	Monde	https://earth.jaxa.jp/en/data/2555/index.html
JRC TMF	Changements du couvert forestier, y	10-30 m	Oui	Centre commun de recherche, UE	Facile	Annuelle	1992	Tropiques	https://forobs.jrc.ec.europa.eu/TMF/explorer.php

Jeux de données traitées	Type d'informations	Résolution spatiale	Open source (accès libre et gratuit)	Producteur	Facilité d'utilisation	Actualisation	Premières données disponibles	Portée géographique	URL
	compris dégradations								
Crowther Lab layers	Potentiel de restauration des forêts, biomasse, densité des arbres	30 m-300 m	Oui	ETH Zurich	Facile	-	-	Monde	https://crowtherlab.com/maps/#/

Tableau A A.3. Plateformes/outils d'accès aux données

Plateformes/outils d'accès aux données	Description	URL
Global Forest Watch	Global Forest Watch (GFW 2.0) est une plateforme en ligne dirigée par le WRI qui fournit des données et des outils de suivi des forêts. GFW 2.0 propose un tableau de bord de statistiques précalculées par zones sur différents produits relatifs à l'évolution du couvert arboré et à l'étendue des forêts, principalement aux niveaux national et infranational. Elle permet également aux utilisateurs de visualiser les jeux de données GLAD dans un géoportail et d'affiner ces calculs pour des zones définies par l'utilisateur.	https://www.globlaforestwatch.org
Terra-i	Terra-i détecte en quasi temps réel les changements de couverture terrestre résultant d'activités humaines, produisant des mises à jour tous les 16 jours. L'outil couvre actuellement l'ensemble de l'Amérique latine et des tropiques. Il est dirigé par le CIAT.	http://www.terra-i.org
Série *Évaluation des ressources forestières* de la FAO	L'évaluation des ressources forestières mondiales (FRA) de la FAO fournit des informations essentielles pour comprendre l'étendue, l'état, la gestion et les usages des ressources forestières à l'échelle nationale.	https://fra-data.fao.org
OpenForis EarthMap	EarthMap est un outil d'analyse environnementale et climatique historique rapide, s'appuyant sur Google Earth Engine et développé dans le cadre de l'initiative Open Foris de la FAO.	https://earthmap.org
MapBiomas	Cet outil collecte et publie des informations sur l'utilisation des terres, le changement d'affectation des terres et la foresterie dans la région panamazonienne, le Cerrado, la Pampa et le Pantanal brésiliens, la région du Chaco et les forêts tropicales indonésiennes.	https://mapbiomas.org

Tableau A A.4. Plateformes/outils de traitement des données

Plateformes/outils de traitement des données	Description	URL
Google Earth Engine	Google Earth Engine est un service de traitement géospatial, alimenté par Google Cloud Platform. Il vise à offrir une plateforme interactive pour le développement d'algorithmes géospatiaux à grande échelle, permettre une production scientifique à fort impact fondée sur les données, et contribuer de manière significative à relever les défis mondiaux impliquant de vastes ensembles de données géospatiales.	https://code.earthengine.google.com
OpenForis SEPAL	SEPAL est une plateforme d'informatique en nuage qui permet aux internautes d'interroger et de traiter rapidement et efficacement des données satellitaires, d'adapter leurs produits aux besoins locaux et de produire rapidement des analyses géospatiales sophistiquées et pertinentes. En exploitant des supercalculateurs en nuage et des infrastructures modernes de données géospatiales (Google Earth Engine, par exemple), SEPAL permet d'accéder et de traiter un vaste ensemble de données satellitaires.	https://sepal.io
OpenForis Collect Earth	Collect Earth est un outil qui permet de collecter des données via Google Earth. Utilisé conjointement avec Google Earth, Bing Maps et Google Earth Engine, les utilisateurs peuvent analyser des images satellites à haute et très haute résolution pour une grande variété d'usages.	https://openforis.org/tools/collect-earth
OpenForis Collect Earth Online	Collect Earth Online (CEO) représente la nouvelle génération de technologies collaboratives en ligne dédiées aux analyses en sciences de la Terre. Cet outil permet aux utilisateurs de collecter des données de référence à partir d'images satellites à haute résolution et d'analyses de mégadonnées via Google Earth Engine. Plusieurs utilisateurs peuvent collecter des informations simultanément.	https://collect.earth
Open Data Cube	Open Data Cube (ODC) est un projet de logiciel libre pour la gestion et l'analyse de données géospatiales qui permet d'exploiter la puissance des données satellitaires. Il repose sur un ensemble de bibliothèques Python et de bases de données PostgreSQL qui aide les utilisateurs à travailler avec des données géospatiales raster. ODC fournit une architecture d'exploitation ouverte et librement accessible et cherche à favoriser la création d'une communauté afin de développer, maintenir et faire progresser la technologie ainsi que l'étendue et la profondeur de ses applications au profit de la société.	https://www.opendatacube.org
Digital Earth Africa	La plateforme et les services de DEA permettent aux gouvernements, à l'industrie et aux décideurs africains de suivre les changements sur le continent avec un niveau de détail sans précédent. Ils fournissent des informations essentielles pour améliorer la prise de décision dans de nombreux domaines, notamment les inondations, les sécheresses, l'érosion des sols et des côtes, l'agriculture, le couvert forestier, les changements d'utilisation et de couverture des terres, la disponibilité et la qualité de l'eau et l'évolution des implantations humaines.	https://www.digitalearthafrica.org/
EU Forestry Thematic Exploitation Platform	La Forestry Thematic Exploitation Platform (Forestry TEP) permet aux acteurs du secteur forestier – entreprises, gouvernements et organismes de recherche – d'accéder efficacement à des services et outils de traitement fondés sur des données satellitaires afin de générer des produits d'information forestière à valeur ajoutée. La plateforme permet également aux utilisateurs de créer et partager leurs propres services de traitement, outils et produits générés.	https://f-tep.com
Proposition d'observatoire de l'UE	Pas encore opérationnel, l'Observatoire européen de la déforestation et de la dégradation des forêts a pour objectif de fournir des informations ouvertes, transparentes et gratuites sur la perte et la dégradation des forêts, ainsi que sur le commerce européen des denrées et des produits concernés.	

Tableau A A.5. Outils de cartographie de la filière

Outils de cartographie de la filière	Description	URL
SPOTT	SPOTT est une plateforme en ligne gratuite qui évalue les producteurs, les transformateurs et les négociants de denrées sur la base de leurs informations publiques concernant leurs organisations, leurs politiques et leurs pratiques en lien avec des questions environnementales, sociales et de gouvernance. Elle propose un tableau de bord permettant de télécharger les données d'évaluation, d'analyser les tendances et d'accéder à d'autres ressources.	https://www.spott.org
TRASE	TRASE est un outil de cartographie à grande échelle de la filière qui présente trois caractéristiques principales : Il relie de manière systématique les acteurs de la filière à des régions de production spécifiques au niveau infranational, ainsi qu'aux risques de durabilité et aux opportunités d'investissement associés à ces régions. Il identifie les entreprises individuelles qui exportent, expédient et importent une marchandise donnée, et couvre l'ensemble des exportations d'une produit à partir d'un pays de production donné.	https://supplychains.trase.earth
Open Land Contracts	Open Land Contracts est un répertoire mondial de contrats et de documents connexes, accessibles au public, portant sur des projets d'investissement dans les domaines de l'agriculture, de la sylviculture et d'autres activités liées à l'utilisation des terres. Les utilisateurs peuvent accéder aux documents originaux au format PDF, au texte intégral des contrats, à des résumés en langage clair portant sur les principales dispositions sociales, environnementales, fiscales, opérationnelles et relatives aux droits humains des contrats, ainsi qu'à des outils de recherche et de comparaison des contrats.	https://openlandcontracts.org

Normes et systèmes de certification volontaires en matière de durabilité

Les normes[6] volontaires en matière de durabilité et les systèmes de certification[7] qui en découlent peuvent jouer un rôle important dans les cadres du devoir de diligence relatifs à la déforestation, entre autres outils. Ils comportent souvent des ensembles détaillés de critères environnementaux, sociaux et économiques que doivent respecter les produits certifiés, ainsi qu'une série de mécanismes de contrôle, de vérification, d'assurance et de suivi pour le processus de certification. De nombreux systèmes de normes intègrent également des éléments participatifs et inclusifs forts, que ce soit parce qu'ils fonctionnent comme des plateformes multipartites consacrées à certaines denrées ou parce que leurs normes font l'objet de révisions régulières suivant des processus participatifs – ou les deux. Les approches et les modèles de gouvernance varient toutefois considérablement d'un système à l'autre.

En principe, différents types de normes et de certifications volontaires en matière de durabilité peuvent servir[8] :

- de moyen d'adopter des critères de protection des forêts et d'éviter la déforestation après une date de référence définie dans la politique forestière d'une entreprise ;
- de source d'information pour l'étape d'évaluation des risques dans un système de devoir de diligence ;
- d'outil de soutien pour la mise en œuvre de l'étape d'atténuation des risques dans un système de devoir de diligence ;
- de cadre pour mobiliser et accompagner les agriculteurs et les autres acteurs de la filière.
- Certaines normes et certains systèmes de certification volontaires en matière de durabilité ont développé des mécanismes de vérification plus simples portant sur un ensemble plus restreint de critères, notamment lorsque les matériaux certifiés sont mélangés à des matériaux non certifiés qui doivent, par exemple, ne pas avoir été récoltés de manière illicite. Il existe aussi des programmes simplifiés de vérification de la légalité, qui évaluent si les produits ont été produits conformément aux lois nationales du pays d'origine, y compris celles relatives à la déforestation.
- Les normes et systèmes de certification volontaires en matière de durabilité peuvent constituer des outils utiles pour aider les entreprises à mettre en œuvre les étapes décrites dans ce Manuel. Ils intègrent souvent un éventail de critères allant au-delà de la seule conservation des forêts et des changements d'utilisation des terres. Toutefois, la responsabilité ultime du devoir de diligence incombe toujours à l'entreprise, qui reste responsable à chaque étape du processus. Une certification, quelle que soit sa robustesse ou son exhaustivité, ne peut s'y substituer. Au contraire, les entreprises qui recourent à des certifications doivent vérifier et corroborer les informations reçues dans le cadre de leurs propres vérifications fondées sur les risques. Il est également possible que certaines certifications ne répondent pas à toutes les exigences de la législation nationale relative au devoir de diligence. Elles doivent donc être considérées comme un élément potentiel important et comme une source d'information pour la politique de devoir de diligence d'une entreprise, mais non comme un substitut.
- Le tableau ci-dessous présente certaines des normes et programmes de certification volontaires en matière de durabilité associés aux produits mentionnés dans le présent Manuel. Seuls quelques programmes à portée internationale y figurent ; il existe également de nombreux programmes nationaux et régionaux, notamment pour le bois et les produits dérivés du bois. Le tableau ne comprend pas les plateformes multipartites dédiées à certaines denrées qui n'ont pas encore mis en place de systèmes de certification. C'est le cas, par exemple, de la Table ronde mondiale sur le bœuf durable et de la Plateforme mondiale pour un caoutchouc naturel durable.
- Il existe également des normes soutenues (et parfois prescrites) par les autorités publiques, répertoriées dans le Tableau A A.7.

Tableau A A.6. Normes et programmes de certification volontaires en matière de durabilité

Norme / programme de certification	Produits concernés	URL
Bonsucro	Canne à sucre	https://bonsucro.com
Fairtrade	Grand éventail de produits, dont le cacao, le café, le sucre, le thé	https://www.fairtrade.net
Association 4C (Code commun pour la communauté du café)	Café	https://www.4c-services.org
Programme de certification internationale – durabilité et carbone (ISCC)	Biomasse agricole et forestière, déchets et résidus biogènes ; principalement utilisé pour les matières premières pour biocarburants telles que les huiles végétales	https://www.iscc-system.org
Forest Stewardship Council (FSC)	Produits ligneux	https://fsc.org
Programme de reconnaissance des certifications forestières (PEFC) (reconnaît les systèmes nationaux de certification des forêts alignés sur les normes PEFC)	Produits ligneux	https://pefc.org
ProTerra	Tout produit agricole ; principalement utilisé pour le soja	https://www.proterrafoundation.org
Rainforest Alliance	Grand éventail de produits, dont le cacao, le café, l'huile de palme, le thé	https://www.rainforest-alliance.org
Table ronde sur le soja responsable (RTRS)	Maïs, soja	https://responsiblesoy.org
Table ronde sur les biomatériaux durables (RSB)	Grand éventail de matières premières d'origine biologique et de matériaux dérivés de la biomasse ; principalement utilisée pour les matières premières pour biocarburants	https://rsb.org
Table ronde sur l'huile de palme durable (RSPO)	Huile de palme	https://rspo.org
Programme de biomasse durable (SBP)	Biomasse ligneuse utilisée dans la production industrielle d'énergie à grande échelle	https://sbp-cert.org

Tableau A A.7. Normes et programmes de certification nationaux en matière de durabilité

Norme / programme de certification	Produits concernés	URL
Norme africaine pour le cacao durable	Cacao	Non disponible
Indonesian Sustainable Palm Oil (ISPO)	Huile de palme	Non disponible
Malaysian Sustainable Palm Oil	Huile de palme	www.mpocc.org.my/about-mspo

Autres ressources pertinentes

Tableau A A.8. Autres ressources pertinentes

Nom	Description	URL
Accountability Framework Initiative	Ensemble de normes, de définitions et de lignes directrices destiné à instaurer des filières éthiques dans l'agriculture et la foresterie, à clarifier et harmoniser la manière dont les entreprises définissent leurs engagements, agissent et suivent leur progression vers des filières exemptes de déforestation, de conversion et de violation des droits humains. Cet ensemble comprend des protocoles et des orientations pour bon nombre des étapes abordées dans ce Manuel.	https://accountability-framework.org/fr
CDP Forests	Cadre destiné aux entreprises pour mesurer et gérer les risques et opportunités en lien avec les forêts, rendre compte des progrès réalisés et s'engager dans la restauration	https://www.cdp.net/en/forests

Nom	Description	URL
	des forêts et des écosystèmes.	
« Collective tenure rights for REDD+ implementation and sustainable development »	Article technique présentant des informations et des études de cas sur la contribution des droits fonciers collectifs à la lutte contre la déforestation et l'atténuation du changement climatique (Programme FAO/ONU-REDD).	https://doi.org/10.4060/cb3521en
Manuel du consentement préalable, donné librement et en connaissance de cause de la FAO	Manuel fournissant aux praticiens des informations sur le consentement préalable, donné librement et en connaissance de cause, ainsi qu'un processus en six étapes pour sa mise en œuvre.	https://openknowledge.fao.org/handle/20.500.14283/i6190fr
Global Reporting Initiative (GRI)	Large éventail de normes relatives aux déclarations sur le développement durable	https://www.globalreporting.org
ISEAL	Réseau de normes volontaires en matière de durabilité, dont bon nombre de celles mentionnées ci-dessus. Il définit des codes de bonnes pratiques et des principes de crédibilité afin d'aider les utilisateurs à faire des choix éclairés sur des normes crédibles.	https://www.isealalliance.org
Processus d'évaluation de l'alignement de l'OCDE	Cherche à évaluer l'alignement d'initiatives industrielles ou multipartites, telles que les systèmes de certification, avec les recommandations du Guide OCDE sur le devoir de diligence pour une conduite responsable des entreprises et sur les orientations sectorielles en matière de devoir de diligence.	https://www.oecd.org/en/topics/sub-issues/due-diligence-guidance-for-responsible-business-conduct/alignment-assessment-of-industry-initiatives-for-due-diligence-in-the-garment-and-footwear-sector.html
Académie d'apprentissage en ligne de l'OCDE sur la conduite responsable des entreprises	Comprend un cours sur le devoir de diligence pour les filières agricoles et halieutiques proposé par l'OCDE.	https://www.oecd.org/en/topics/sub-issues/due-diligence-guidance-for-responsible-business-conduct/oecd-e-learning-academy-on-responsible-business-conduct.html
Principes pour un investissement responsable dans l'agriculture et les systèmes alimentaires. Comité de la sécurité alimentaire mondiale	Le Comité de la sécurité alimentaire mondiale (CSA) a adopté les Principes pour un investissement responsable dans l'agriculture et les systèmes alimentaires le 15 octobre 2014. Ces principes définissent les éléments fondamentaux d'un investissement responsable dans l'agriculture et les systèmes alimentaires ; identifient les principales parties prenantes ainsi que leurs rôles et responsabilités et servent de cadre pour guider les actions des acteurs engagées dans l'agriculture et les systèmes alimentaires en définissant des principes qui peuvent favoriser des investissements responsables indispensables, améliorer les moyens de subsistance et réduire ou atténuer les risques pour la sécurité alimentaire et la nutrition.	https://www.fao.org/3/a-au866f.pdf
Directives volontaires pour une gouvernance responsable des régimes fonciers applicables aux terres, aux pêches et aux forêts dans le contexte de la sécurité alimentaire nationale (VGGT)	Directives internationales servant de référence qui définissent les principes et normes convenues à l'échelle internationale pour la gouvernance responsable des régimes fonciers. Elles sont accompagnées de guides techniques, notamment sur le respect du consentement préalable, donné librement et en connaissance de cause, ainsi que de cours d'apprentissage en ligne.	https://www.fao.org/tenure/voluntary-guidelines/fr/

Références

Accountability Framework Initiative (2020), *Cadre de responsabilisation. Définitions*, https://accountability-framework.org/fr/le-cadre-de-responsabilisation/definitions/. [4]

Banque mondiale (2019), *Illegal Logging, Fishing and Wildlife Trade: The costs and how to combat it*, https://doi.org/10.1596/32806. [15]

CDP/AFI (2022), *From Commitments to Action at Scale*, CDP, https://www.cdp.net/en. [17]

FAO (2022), *FRA 2020 Remote Sensing Survey*, https://doi.org/10.4060/cb9970en. [8]

FAO (2022), *La situation des marchés des produits agricoles 2022. La géographie du commerce alimentaire et agricole: quellespolitiques pour un développement durable?*, FAO, https://doi.org/10.4060/cc0471fr. [6]

FAO (2021), *First results of Forest Resources Assessment 2020 remote sensing survey*, https://www.fao.org/3/cb7449en/cb7449en.pdf. [9]

FAO (2020), *Évaluation des ressources forestières mondiales 2020 : Termes et définitions*, https://openknowledge.fao.org/server/api/core/bitstreams/1c0296b7-2bfa-47b4-b8f7-bdfd8b6c8394/content. [21]

FAO (2020), *Évaluation des ressources forestières mondiales 2020: Rapport principal*, https://doi.org/10.4060/ca9825fr. [3]

FAO (2016), *Le consentement préalable, donné librement et en connaissance de cause – un droit des peuples autochtones et une bonne pratique pour les communautés locales*, https://openknowledge.fao.org/handle/20.500.14283/i6190fr. [20]

FAO (2014), *Principes pour un investissement responsable dans l'agriculture et les systèmes alimentaires*, https://www.fao.org/3/a-au866f.pdf. [19]

FAO et PNUE (2020), *La situation des forêts du monde 2020. Forêts, biodiversité et activité humaine*, https://doi.org/10.4060/ca8642fr. [5]

Federici, S. (2015), « New estimates of CO2 forest emissions and removals: 1990-2015 », *Forest Ecology and Management*, vol. 352, https://doi.org/10.1016/j.foreco.2015.04.022. [7]

Forest Trends (2021), *Illicit Harvest, Complicit Goods: The State of Illegal Deforestation for Agriculture*, https://www.forest-trends.org/wp-content/uploads/2021/05/Illicit-Harvest-Complicit-Goods_rev.pdf. [14]

Geist, H. (2002), « Proximate Causes and Underlying Driving Forces of Tropical Deforestation. », *BioScience*, vol. 52(2), pp. 143-150, https://doi.org/10.1641/0006-3568(2002)052[0143:PCAUDF]2.0.CO;2. [10]

Lacey (2008), *Lacey Act*, https://www.aphis.usda.gov/aphis/ourfocus/planthealth/import-information/lacey-act/lacey-act. [2]

Nations Unies (2019), *World Population Prospects 2019 – Highlights*, https://doi.org/10.18356/13bf5476-en. [12]

Nations Unies (s.d.), *Commitment on Eliminating Agricultural Commodity-Driven Deforestation and Increasing Investments in NbS*, https://climatechampions.unfccc.int/system/nature-and-tackling-deforestation/. [23]

OCDE (2018), *Guide OCDE sur le devoir de diligence pour une conduite responsable des entreprises*, Éditions OCDE, Paris, https://doi.org/10.1787/a9375127-fr. [18]

OCDE/FAO (2021), *Perspectives agricoles de l'OCDE et de la FAO 2021-2030*, Éditions OCDE, Paris, https://doi.org/10.1787/e32fb104-fr. [11]

OCDE/FAO (2016), *Guide OCDE-FAO pour des filières agricoles responsables*, Éditions OCDE, Paris, https://doi.org/10.1787/9789264264038-fr. [1]

Pendrill, F. (2019), « Deforestation displaced: trade in forest-risk commodities and the prospects for a global forest transition », *Environmental Research Letters*, vol. 14/5, https://doi.org/10.1088/1748-9326/ab0d41. [16]

UICN (2023), *Landscape Approach*, https://www.iucn.nl/en/our-work/landscape-approach/. [22]

Van Dijk, M. (2021), « A meta-analysis of projected global food demand and population at risk of hunger for the period 2010–2050. », *Nature Food*, vol. 2(7), pp. 494–501, https://doi.org/10.1038/s43016-021-00322-9. [13]

Notes

[1] Les Perspectives agricoles de l'OCDE et de la FAO 2022-2031 soulignent la nécessité croissante de promouvoir une production agricole durable, notamment en l'adaptant aux différents contextes régionaux afin de trouver un équilibre entre la production alimentaire et d'autres cultures et la préservation des ressources naturelles (OCDE/FAO, 2021[11]).

[2] En complément de ces initiatives mondiales, de nombreuses initiatives régionales et nationales visent également à lutter contre la déforestation dans les filières agricoles.

[3] Voir, par exemple, l'engagement du secteur financier sur l'élimination de la déforestation liés aux matières premières annoncé lors de la COP26 (Nations Unies, s.d.[23]) ; à la COP27, les pays membres du *Partenariat des leaders forestiers et climatiques* se sont engagés à se tenir mutuellement responsables de leur objectif de mettre fin à la déforestation d'ici 2030. https://www.euronews.com/green/2022/11/07/cop27-more-than-25-countries-band-together-to-keep-deforestation-pledges-made-in-glasgow.

[4] Voir la note contextuelle sur le rôle des initiatives en matière de durabilité dans le devoir obligatoire de diligence *(Translating a risk-based due diligence approach into law)* pour plus d'informations. https://www.oecd.org/content/dam/oecd/en/topics/policy-sub-issues/due-diligence-guidance-for-responsible-business-conduct/translating-a-risk-based-due-diligence-approach-into-law.pdf.

[5] Lorsqu'un audit est jugé approprié, son indépendance et sa qualité sont essentielles pour garantir son efficacité. Les auditeurs doivent toujours être indépendants, compétents et redevables. Les entreprises peuvent envisager de recourir à une institution indépendante chargée d'accréditer les auditeurs, de vérifier les audits, de publier des rapports d'audit, de mettre en œuvre des modules de renforcement des capacités pour aider les fournisseurs à respecter leur devoir de diligence et donner suite aux plaintes des parties concernées.

[6] Pour plus d'informations sur les normes volontaires en matière de durabilité et leur rôle, consulter le site Internet du Forum des Nations Unies sur les normes de durabilité (UNFSSS) : https://unfss.org/home/about-unfss/.

[7] La certification est définie par l'ISEAL comme suit : « La délivrance, par un tiers, d'une déclaration attestant que le respect des exigences de conformité spécifiées a été démontré (ISEAL, adapté de ISO 17 000) ». Voir https://www.isealalliance.org/sites/default/files/resource/2018-02/ISEAL_Assurance_Code_Version_2.0.pdf.

[8] Voir la note contextuelle sur le rôle des initiatives en matière de durabilité dans le devoir obligatoire de diligence (*Translating a risk-based due diligence approach into law)*, pour plus d'informations: https://www.oecd.org/content/dam/oecd/en/topics/policy-sub-issues/due-diligence-guidance-for-responsible-business-conduct/translating-a-risk-based-due-diligence-approach-into-law.pdf.

www.ingramcontent.com/pod-product-compliance
Lightning Source LLC
LaVergne TN
LVHW082050051026
849532LV00011B/3551